3평 집도 괜찮아!

3평 집도 **괜찮아!**

1판 1쇄 인쇄 2017년 8월 25일
1판 1쇄 발행 2017년 8월 30일

지은이 야도카리
옮긴이 박승희
펴낸이 정원정, 김자영
편집 홍현숙
디자인 형태와내용사이
마케팅 소요프로젝트

펴낸곳 즐거운상상
주소 서울시 종로구 옥인3길 6-4(누상동 24 상하그린빌 101호)
전화 02-706-9452 팩스 02-706-9458
전자우편 happywitches@naver.com
페이스북 @happydreampub
출판등록 2001년 5월 7일
인쇄 더 나이스

* 책값은 뒤 표지에 있습니다.
* 잘못 만들어진 책은 서점에서 교환하여 드립니다.
* 전자책으로도 출간되었습니다.

3평 집도 괜찮아!

야도카리 지음 | 박승희 옮김

즐거운상상

'원하는 미래는 내 손으로 만들자'를 테마로 한 웹 미디어 greenz.jp에서 편집장으로 일하는 스즈키 나오 씨는 자신의 주장을 실증적으로 실험하기 위해 트레일러 하우스에서 4인 가족이 생활하고 있다. 현재 치바현 이스미 시에서 거주하는데, 자연과 콘크리트 중에서 콘크리트가 차지하는 비율이 낮은 지역의 '북쪽 한계선'이면서 도쿄 통근을 고려한 '남쪽 한계선'이라 그곳을 선택했다고 한다.

작은 조립식 주택 한 채로 시작한 모토야마 사호 씨의 이상적 집짓기는 지금도 진행형이다. 사진의 우측에 보이는 비계(飛階, 높은 곳에서 공사를 할 수 있도록 임시로 설치한 가설물 - 옮긴이)는 이곳이 아직도 집짓기 중임을 보여준다. 상량을 마친 후 외벽과 내장 공사는 모두 직접 할 예정이라고 한다. 고등학교 졸업 이후 지금까지 기존의 틀에서 벗어나 어떤 모습으로 살고 싶은지 진지하게 고민해 온 모토야마 씨의 마음이 이 집에 고스란히 표현되어 있다.

집세 1만 엔, 원하는 대로 리노베이션 가능. 지역 네트워크를 통해 잘 찾으면 그런 물건을 만나기도 한다. 살기 위해 돈을 버는 것일까? 아니면 돈을 벌기 위해 사는 것일까? 도시에서 살면 집을 사든 빌리든 주거비 부담이 크다. 하지만 마스무라 에리코 씨는 나가노 현으로 이주 후에 원하던 일도 계속하고 자신과 가족을 위한 시간도 되찾을 수 있었다.

건축사인 우치다 야스요 씨는 새집증후군으로 고생한 적이 있기 때문에 천연 소재를 활용한 일본 전통공법의 타이니 하우스를 생각해냈다. 미국에서 시작된 '타이니 하우스 운동(Tiny House Movement)'의 일본식 해석이라고 할 수 있다. 이 3평집은 설계는 직접 하고 건축은 두 명의 기술자에게 맡겼다. 현대공법을 일부 적용한 곳도 있지만 기둥은 전통방식으로 기술자들이 나무를 마름질해 이었다.

じじょうけん
六帖軒

집을 줄이고 소비를 줄인다고 해서 사회와의 관계를 단절하고 사는 것은 아니다. 집을 짓든 밭을 경작하든, 오히려 적극적으로 커뮤니티에 참여하고 커뮤니티를 만들어가는 생활 태도는 인터뷰한 이들의 공통점이었다. 의존성을 줄이고 각자 자립하면서 서로 협력하면 새로운 가치가 생긴다.

IT업계에서 성공을 위해 질주하던 사와다와 우에스기는 동일본 대지진의 참상을 목격한 후 질주를 멈추고 야도카리(YADOKARI)를 구상하기 시작했다. 그들은 생각을 실행에 옮기고 동료를 모았다. 그 활동의 일환으로 시작된 것이 야도카리 오두막이다. 건축주는 장소와 재료비를 제공하고 참가자는 무보수로 일한다. 동아리처럼 운영되며 초보자도 함께 오두막을 짓는다.

기존 주택업체의 상식으로 본다면 타이니 하우스는 비즈니스 모델이 아니다. 하지만 다양한 신념을 가진 기업들이 '오두막'에 주목하기 시작했다. 야도카리도 정보 제공뿐만 아니라 실제로 기획과 판매를 함으로써 '새로운 거주지 제안'을 구체화시키고 있다. 그 첫걸음이 위 사진 INSPIRATION이다. 제작업체에 제안한 디자인만도 10개 이상. 무엇인가를 만든다는 것은 상상 이상으로 어려운 일이다.

머리말

주거, 일, 생활을 작게 재편집하다

'가끔은 그냥 숨이 막힌다.'

그렇게 생각하는 사람이 많을 것이다.

평일에는 직장일이나 집안일에 쫓겨 바쁘고, 휴일에는 친구를 만나거나 가족에게 봉사하면서 우리는 살기 위해 일한다. 생활에 일용할 양식을 얻기 위해, 갖고 싶은 것을 손에 넣기 위해, 손에 넣은 것을 지키기 위해 매일을 보내고 있다.

보람도 있고 만족도 느끼지만 끝없는 오래달리기 같은 일상에 조금은 숨이 가쁠 때도 있다. 그러고 보니 사회생활을 시작한 후 하루 종일 아무런 일정 없이 지내본 게 언제였던가? 기억이 나지 않는다.

우리가 무엇인가를 시작하는 동기는 매우 단순했던 것 같다. 누군가를 동경하거나 무엇인가를 갖고 싶어 시작한 일인데, 뭔가를 소유하면 이제는 그것을 손에서 놓기가 아까워진다. 그렇게 해서 늘어난 직함, 일, 물건, 사람과의 관계는 우리가 살아가는 이유이면서 한편으로는 우리를 속박

하는 족쇄가 되었다.

한 번 내 것이 된 것은 손에서 놓기가 어렵다. '무엇을 하고 싶다'는 욕구 이상으로 '무엇을 하고 싶지 않다'는 욕구 또한 강한 법이어서, 무언가를 지키려면 그만큼 짊어져야 할 것도 늘어간다. 내가 원하던 것은 단순한 것이었는데 어느새 그것을 지키기 위해 '저것을 하면 이익이다, 이것을 하면 손해다'라는 복잡한 생각을 하게 된다.

그것조차 스스로 선택한 것이지만, 좀더 홀가분해질 수 없을까 생각할 때도 있다. 모두 내팽개치고 살 수는 없겠지만 조금이라도 다르게 생활하거나 일하는 방법이 있지 않을까?

그런 생각을 하는 사람들이 많아진 것인지, 최근 들어 '워크 라이프 밸런스'나 '단사리' 거기서 한걸음 더 발전된 미니멀리스트 같은 '확대가 아닌 축소'를 위한 가치관과 행동이 세계적으로 실험되기 시작했다.

제2차 세계대전 후의 고도경제성장기에는 물건을 소유하는 것이 풍요의 상징이었다. 가전제품과 자가용, 그것을 갖기 위해 필요한 많은 수입. 더 많이, 더 풍요롭게, 그것을 위해 더 열심히 일했다. 그렇게 거침없이 발전하던 시대가 지나고 물질적으로 풍요롭게 된 지금, '물질적인 풍요가 반드시 우리의 인생을 풍요롭게 해 주지 않는다.'는 것을 깨닫기 시작한 사람들이 늘고 있다. 하나를 손에 넣으면 또 다른 것이 갖고 싶어진다. 그 욕구에는 끝이 없다. 우리는 지나치게 많은 것을 갖고 싶어했는지도 모른다.

그런 세상의 흐름 속에서 야도카리YADOKARI가 선택한 것은 '생활을 작게 재편집' 하는 일이었다. 그것은 주거, 생활, 거기에 따라오는 일 등을 되돌아보고 음미하는 일이다.

'조용한 곳에서 풍요로운 자연과 함께 살고 싶다', '가족과 보내는 시간을 늘리고 싶다', '나에게 자극이 되는 사건이나 사람과 만나고 싶고 편안해지는 장소도 갖고 싶다' 등 삶에서 바라는 것은 각각 다르지만 먼저 자신이 원하는 것을 직시하고 재정리해 바라는 생활을 해 보는 것이야말로 지금 많은 사람들에게 필요한 일이라 생각한다.

새로운 주거방식에 대해 생각하다

인사가 좀 늦었지만 야도카리에 대한 소개를 해볼까 한다. 야도카리는 풍요로운 삶을 제안하는 웹 사이트 '미래거주방법회의'를 운영하는 회사다. 미래거주방법회의는 수백만 엔으로 살 수 있는 6평(20평방미터) 정도의 작은 집 '타이니 하우스'나 이동할 수 있는 집 '모바일 하우스' 등 일본에서는 아직 보기 드문 주거방식을 소개하는 사이트로, 매일 약 10만 명이 우리 사이트를 방문한다.

야도카리는 사이트 운영 외에도 타이니 하우스를 기획 · 판매하거나 게스트하우스의 방을 프로듀스하기도 한다. 웹 디자이너인 사와다 잇세이와 웹 플래너인 우에스기 세이치가 공동 대표를 맡고 있다. 두 사람은 건축가도, 건축업계에서 일한 경험도 없는 건축 아마추어다. 오히려 아마추어여서 더 다양하게 사용자의 관점에서 집에 관한 의문과 고민을 표현할 수 있었으리라 생각하지만 그 이야기는 일단 제쳐놓기로 하자.

야도카리는 두 사람 외에 미래거주방법회의를 운영하는 편집부원(필자인 스즈키 가쿠도 부편집장으로서 그 일원임)과 기사를 쓰는 작가, 건축 및 시공 전문가 등이 프로젝트를 진행하고 있다. 서포터라 불리는 이들은 일본 각지에 흩어져 있고 국내뿐 아니라 캐나다와 유럽 등 다양한 곳에서 살면서 도움을 주고 있다. 아직 작은 조직에 불과하지만 야도카리가 하고자 하는 일에 공감해 주는 이들의 협력 덕분에 우리의 활동이 이루어지고 있는 것이다.

우리는 '생활을 작게 재편집하는 것'을 제안한다. 풍요롭다고 느끼는 삶과 주거공간은 사람마다 다르다. 원하는 집도 다르기 마련이다. 하지만 일본에서 선택할 수 있는 삶의 선택지는 제한되어 있다. 현재 일본에서 선택할 수 있는 집은 수십 년의 대출을 끼고 사는 '단독주택이나 중고주택' 혹은 평생 거주 비용이 드는 '맨션이나 아파트 등의 임대주택' 등이 대부분이다. 우리는 그것을 대신할 '타이니 하우스'와 '모바일 하우스' 같은 새로운 거주방법을 소개하고 실제로 생활하는 사람이 늘어나기를 바란다.

타이니 하우스에서 작게 살기

만약 집에 들이는 비용을 줄일 수 있다면 당신은 무엇을 하겠는가? 여행을 가거나 갖고 싶은 물건이나 취미에 돈을 쓰거나 휴일을 늘려 일 외의 다른 것에 시간을 보내겠다는 등의 다양한 대답이 나오리라. 이것이 만일 실현될 수 있다면 얼마나 즐겁겠는가? 그렇다면 집의 비용은 어떻게 줄일 수 있을까? 그 대안이 조금 전 소개한 타이니 하우스이다.

타이니(Tiny)란 영어로 '작다'는 의미다. 타이니 하우스는 말 그대로 원룸 아파트 정도의 작은 집이다. 타이니 하우스는 부엌, 욕실, 화장실 등 생활에 필요한 최소한의 공간을 갖추고 있어 라이프라인(생활을 유지하기 위한, 전화, 무선, 방송 시설 등의 통신 시설, 상하수도, 전력, 가스 등의 공급 처리 시설 등을 말한다 – 옮긴이)을 연결하면 1인 가구나 커플이 생활하는데 충분한 넓이와 기능을 갖게 된다. 구입에 드는 비용은 일반적인 단독주택에 비해 저렴한데, 전부 500만 엔 정도면 집 구입과 기초 공사 및 수송비용, 라이프라인 설치 공사비 등을 조달할 수 있다. 타이니 하우스는 집의 구입 비용을 줄일 수 있을 뿐 아니라 규모가 작기 때문에 다양한 장점이 있다는 것이 특징이다.

우선 작은 집을 지으면 물건에 둘러싸인 생활로부터 벗어날 수 있다. 물론 장점으로 받아들일지 단점으로 받아들일지는 사람마다 다르겠지만 이 책에서 취재한 작은 집 거주자들은 이구동성으로 "물건 없는 생활이 훨씬 좋다."고 단언했다. '물건을 내려놓으면 마음이 가벼워지기 때문'이다. 몇 년 동안 한 번도 입지 않은 옷이나 6개월간 손도 대지 않은 책 등 오랫동안 사용하지 않는 물건은 어느 집에나 있게 마련이다. 그런 물건들을 보면서 왠지 마음이 개운치 않은 것은 나뿐만이 아닐 것이다.

타이니 하우스는 거주 공간이 한정되어 있어 필연적으로 소유물을 줄일 수밖에 없다. 실제로 타이니 하우스에 사는 사람 중에는 가전제품은 라디오와 냉장고뿐이고, 구두 2켤레, 속옷 2세트로 최소한의 생활을 하는 사람도 있다. 세상의 잣대로 보자면 더할 나위 없이 불편한 생활일지도 모른다. 그런데도 대다수가 물건 없는 생활이 훨씬 좋다고 말하는 것은 물건에 대한 집착이 없어짐으로써 얻게 되는 정신적 자유와 풍요가 불편함보다 더 크기 때문일 것이다.

생활비가 줄어드는 것도 장점 중 하나다. 앞서 이야기한 것처럼 타이니 하우스는 구입비와 설치 및 시공비가 저렴하고, 냉난방이나 수리 등 거주 및 유지비용이 줄어든다. 집은 생활을 위한 필수품이므로 집과 생활에 드는 비용이 줄어들면 그만큼 자유롭게 쓸 수 있는 돈이 늘어난다. 결과적으로 주택 대출이나 전기 · 가스 · 수도요금을 위해 악착같이 일할 필요가 없어지고, 일하는 시간이 줄어들면 자유로운 시간이 늘어난다.

게다가 이것을 장점이라고 할 수 있을지 모르겠지만, 대부분의 타이니 하우스는 대형 트럭에 실어 이동이 가능하다. 그래서 전근 등으로 주거지를 바꿔야할 때 가재도구를 실은 채 이동할 수 있다. 집을 소유하면 한 지역에 묶여버린다는 생각은 이미 구시대적인 발상이라고 할 수 있다.

이처럼 작은 집에서 사는 것이 경제적으로나 생활의 충실도에서도 장점이 많아 미국을 중심으로 한 구미에서는 타이니 하우스에 사는 사람이 늘고 있다. '타이니 하우스 운동'의 흐름 속에서 타이니 하우스를 전문적으로 판매하거나 거주 방법과 건축 방법을 소개하는 웹 사이트도 다수 등장하고 있다.

내가 원하는 집을 직접 짓는다

여기까지 읽고 미니멀라이프에 흥미가 생긴 사람도 있을 것이다. 하지만 생애단계(life stage)는 시간의 경과에 따라 변하는 법. '가정을 이루고 아이가 태어나면 어떻게 해야 하나?'라고 생각하는 사람들에게는 '셀프 빌드'의 방법을 알려주고 싶다. 셀프 빌드란 직접 집을 짓는 것을 말한다. 아이가 태어나 타이니 하우스가 비좁게 느껴진다면 직접 집을 지으면 된다.

'집을 짓다니, 어떻게 그런 대단한 일을!'이라고 생각하는 사람도 있을 것이다. 그러나 6평 정도의 작은 집은 전문가가 아니어도 생각보다 쉽게 지을 수 있다. 셀프 빌드의 사례로 야도카리의 독자가 뜻을 모아 시작한 '야도카리 오두막부'를 소개한다. 오두막부는 이름에서 알 수 있듯이 오두막을 짓는 동아리다. 동아리 활동에 참가하는 사람들은 프로젝트마다 바뀌는데, 참가자 중에는 여성도 많고 동아리에 참가하기 전까지 못 한 번 쳐본 적 없는 사람들이 대부분이다.

야도카리 오두막부는 2014년 봄에 발족하여 시공 전문가에게 오두막 짓는 법을 배워가면서 활동하고 있다. 그런 아마추어 집단이 대부분의 시공 현장에서 전동 톱으로 목재를 자르고 임팩트 드라이버로 나사를 박아가며 문자 그대로 무에서부터 오두막을 만들어 완성해 나가고 있다.

야도카리 오두막부가 처음으로 지은 집은 안길이 1미터×가로폭 2미터×높이 2미터 정도의 작은 오두막이었다. 그 후 활동에 가속도가 붙어 오두막부는 2014년에만 크고 작은 다양한 6개의 오두막을 지었다. 그 중에는 로프트가 딸린 6평방미터 정도의 큰 것도 있다. 우리끼리 지은 것이라 전문가가 만든 것 같은 퀄리티를 기대할 수는 없겠지만, 참가자가 힘을 합쳐 기둥을 세우고 바닥재를 깔고 벽을 설치하는 '집 짓는 기술'을 배워가며 하나하나 협력해 집을 짓는 작업은 꽤나 즐거운 일이다.

이와 같이 뜻을 모아 집을 짓는 '셀프 빌드'도 '타이니 하우스 운동'처럼 실천하는 사람이 늘어나고 있다. 미국에서는 12세 소녀가 가족의 도움을 받아 타이니 하우스를 짓거나 독신 여성이 혼자 집을 리노베이션 하거나 트리 하우스를 만드는 사례도 등장하고 있다. 이제 집은 '살' 수도 있고 '직접 지을' 수도 있다는 선택지를 갖게 된 것이다.

살아가는 데 필요한 힘

인생은 크리에이티브다.
우리에게는 끓어오르는 호기심을 따를 용기가 있는가?
더 많은 사람과 유대관계를 맺고 싶다.
더 많은 문화를 경험하고 싶다.
더 많은 세상을 여행하고 싶다.
나를 더 많이 믿고 싶다. 우리는 굳어 버린 몸과 마음을 깨부수고
내일을 만들어 갈 힘을 품고 있는 아티스트다.
당신은 어떤 호기심을 가지고 있는가?
후회 없는 지금을, 순간을.

야도카리의 매니페스토(manifesto)다. 활동 중에 중시하는 것, 지향하는 목표를 야도카리 공동대표가 활동 초기에 문장으로 만든 것이다. 이 선언문은 독자를 위한 것이자 야도카리 멤버들을 위한 것이기도 하다. 비일상도 시간이 지나면 익숙해지면서 일상이 된다. 그럴 때 우리가 '어디에나 흔히 있는 것을 만드는 것은 아닌지?', '시시한 이야기를 전하고 있지는 않

은지?' 우리를 고무시켜줄 말이 필요했다.

우리는 곧잘 멋있는 척하며 둘러대거나 그럴 듯하게 얼버무려 핑계를 대곤 하지만, 자신의 본심을 들여다보고 자기가 좋아하는 삶의 방식을 만들 수 있는 것은 자신 밖에 없다.

'경제적으로 크게 성공해 스포츠카를 타고 최신 제품으로 가득한 큰 집에서 사는 것'을 꿈꾸지만 능력이 못 미치니 그 타협안으로 작은 공간에서의 삶을 제안하는 것이 아니다.

이것은 개인적인 생각이지만, 인간은 무엇인가를 갖고 싶다고 느낄 때 물건 자체가 아니라 거기에 따라오는 '기분'을 얻고 싶은 것이 아닐까? 예컨대 편히 쉴 수 있는 집이 있다는 '안도감', 소유로 인한 '만족감'이나 '자기 긍정' 같은 것이다. 하지만 그런 기분이나 감정에는 형태가 없어 내 것인지 아닌지를 확인하기 어렵다. 그래서 쉽게 보이는 물건이나 돈을 원하는 것이 아닐까? 그러나 난처하게도 우리의 욕망에는 끝이 없다. 하나를 얻으면 다른 무언가를 갖고 싶어진다. 그것을 채우려고 '좀 더 많이, 좀 더 풍요롭게'를 외치는 것이 요즘 세상인 것 같다. 모든 사람이 그런 욕구를 가진다는 것을 전제로 경제가 성립된다고도 할 수 있다.

물질적 풍요를 위해 애쓰다보니 자신이 무엇을 원하는지 마음을 들여다볼 시간조차 없는 이도 많다. 천천히 자신의 마음을 들여다보면 '의외로 갖고 싶은 것이 많지 않다.'는 것을 깨닫기도 할 것이다.

우리는 갖고 싶은 것을 다른 무언가와 바꾸고 있지는 않은가? 문득 그런 생각이 들 때가 있다. 가정을 지키고 안정된 생활을 위해 잠자는 시간까지 아껴 일하고, 쾌적하다고 할 수 없는 도시의 비좁은 방에서 산다. 무언가를 얻고 싶다면 무언가는 희생할 수밖에 없다고들 하지만 정말 그럴까?

모든 인간은 무언가를 실현하는데 필요한 힘을 선천적으로 가지고 있다고 생각한다. 인류는 약 10만 년 전에 아프리카에서 태어나 약 1만 년 전에 남미 대륙의 최남단까지 그 삶의 터전을 넓혀 온 것으로 알려져 있다. 먹을 것이 없는 건조한 땅, 생물이 적은 극한의 북극권, 공기가 희박한 고지대 등 가혹한 환경에서 살아가기 위해 인간은 매일 창조적인 행동과 선택이 필요했을 것이다. 큰 어려움이 따랐겠지만 어떤 희생을 강요당하거나 억압당하는 일이 적은, 지금보다는 단순한 사회였을 것이다.

이 책에서 소개하는 다섯 사람은 자신이 바라는 삶을 자신이 할 수 있는 범위 안에서 살아온 사람들이다. 어떤 사람은 몹시 실험적으로, 어떤 사람은 삶의 흐름 안에서 시행착오를 거치면서 조금씩 이상적인 삶에 다가가고 있다. 그 모습을 보고 야도카리는 다시 한 번 '작은 거주 방식 · 삶의 방식'이 사람들의 삶을 좀 더 쾌적하고 풍요롭게 만들어 준다고 확신하게 되었다.

어차피 사는 인생, 기분 좋게 사는 것이 좋다. 본심과 전혀 다른 삶을 살면서 핑계를 대기보다 타인의 눈에 다소 생소해 보여도 자신이 원하는 삶을 사는 게 즐거운 법이다. 우리는 진심으로 그렇게 생각하고 있기 때문에 날마다 통탕거리면서도 즐겁게 살고 있다.

자립과 공존을 꿈꾸는 미니멀리스트 5인의 집짓기 실험

이 책에서 취재한 사람들을 여기서 잠시 소개해보자. 그들은 상장기업의 매니저로 일하면서 집도 가재도구도 전혀 소유하지 않고 배낭 하나만 달랑 메고 날마다 게스트하우스 생활을 하는 청년, 혼자 힘으로 집을 짓고 자급자족의 생활을 하는 여성, 웹 미디어 편집장으로 일하면서 '작게 사는 법'을 실천하며 치바와 도쿄에서 2거점 거주를 실천하고 있는 남성 등.

아무도 가지 않은 길을 혼자 가는 것은 큰 용기가 필요하고 앞길에 무엇이 기다릴지 불안하기 마련이다. 그러나 먼저 걸어간 선배가 있다면 어떨까? 풍요롭다고 생각하는 생활이나 삶의 기준은 사람마다 다르다. 모든 이가 미니멀한 삶이나 물건이 없는 삶을 원하는 것은 아닐 것이다. 그 척도나 가치관도 사람마다 다른 것이 당연하다.

하지만 각자가 바라는 삶을 사는데 혹은 지금 가지고 있는 것을 정리하는데 선배들의 새로운 생활 방식이 힌트가 되어 줄 것이라 생각한다. 이 책이 독자 여러분이 바라는 삶, 풍요로운 삶으로 이어지기를 기대한다.

Contents

머리말 주거, 일, 생활을 작게 재편집하다 19

제1장 **'소비'가 아닌 '자급자족'과 '공유'로** 32

스즈키 나오 씨 트레일러 하우스 생활편

'짐'이 되는 집을 버리고 새로운 삶을 실험하다 64

스즈키 나오(웹 미디어 그린즈 대표, 치바 현 이스미 시 거주)

4인 가족이 10평 타이니 하우스에서 작지만 넓은 생활을 실험 중이다

제2장 **트레일러 하우스에서 냉장고 에어컨 없이 미니멀라이프** 84

마스무라 에리코(에디터, 나가노 현 스와 군 거주)

프리랜서로 글쓰기, 편집 업무와 목공 일을 병행하고 있다

제3장 **전통공법으로 3평 집을 짓다** 104

우치다 야스요(건축가, 미야자키 현 미야자키 시 거주)

건축가로 직접 설계한 '육첩헌'은 일본 전통공법으로 건강하게 지은 집

제4장
직접 지은 스트로베일 공법의 풀꽃집에서 자급자족의 삶을 살다 124
모토야마 사호(회사원, 사가 현 가라쓰 시 거주)
직접 집을 짓기 시작해 현재도 증축 중. 농사, 전력까지 자급자족하며
수영장까지 딸린 집에서 호사를 누리고 산다

제5장 **집도 물건도 없이 매일 여행하듯 산다** 150
니시하타 토시키(회사원, 도쿄 도내 거주)
상장기업 매니저로 일하며 게스트하우스, 캡슐 호텔 등을 옮겨 다니며 생활한 지 6개월
가진 짐은 박스 2개가 전부

제6장 **동일본 대지진을 계기로 삶을 되돌아보다** 166
4평 타이니 하우스를 만들기까지
주거 실험 중인 미니멀리스트 5인의 취재를 마치며
느끼는 만큼 실천에 옮기는 사람들의 힘 190

맺음말 조금은 다른 삶의 방식도 가능하다 197

제1장

'소비'가 아닌 '자급자족'과 '공유'로

웹 미디어 '그린즈greenz.jp' 편집장 스즈키 나오 씨에게 묻다

스즈키 나오 : NPO 그린즈 대표, greenz.jp 편집장. 1976년 방콕에서 태어나 도쿄에서 자랐다. 2002년부터 3년간 '월간 소토고토'에서 편집을 맡았고, 2006년 '원하는 미래는 스스로 만들자'라는 주제로 웹 매거진 'greenz.jp'를 창간. 현재 치바현 이스미 시에 거주하며 4인 가족이 10평(35㎡)의 타이니 하우스(타이어가 달린)에서 작지만 넓은 생활을 실험 중이다. 저서로는 《'원하는 미래'는 내 손으로 만든다》(고단샤 세이카이샤 신서(講談社 星海社新書)가 있다.

Photo Kazuhisa Sawada 스즈키 나오

산업의 발달과 함께 분업화가 진행되면서 우리는 음식, 집, 옷 같은 것을 직접 만들지 않고도 소유할 수 있게 되었다. 하지만 그런 사회에 살다보면 자신은 점점 무용지물이 되고 사회의 기능이 정지되었을 때 살아갈 수 있는 힘을 잃게 되는 게 아닐까 불안해질 때가 있다. 《'원하는 미래'는 내 손으로 만든다》의 저자인 스즈키 나오 씨에게 지금 실천하고 있는 주택 DIY와 리노베이션, 오프그리드(수로와 전기 시설 등이 설치되어 있지 않은 지역 – 옮긴이) 생활과 2거점 거주 등 자기 손으로 삶을 만들고 살아가는 힘을 익히는 방법에 대해 물었다.

★ ★ ★

구입하지 않고 스스로 만들겠다고 생각한 이유가 있나요?

우선은 개인적인 배경부터 말씀드려야 할 것 같은데요. 1982년 초등학교 1학년 때였어요. 90년대를 향해 가는 버블의 시작 무렵으로, 어른들의 세상을 보면서 '이런 세상에서 살기 싫다'는 생각을 했어요. 당시는 무엇이든 살 수 있고 무엇이든 서비스화와 상품화가 되던 시대였잖아요? 상품의 종류도 엄청나게 많아졌고요. 하지만 한편으로 자유가 없다는 느낌이 들었습니다. 원하는 방식대로 살 수 없다면 자유롭다고 할 수 있을까요? 어린 마음에도 예술가처럼 자신의 개성이나 능력을 발휘하며 살기에는 힘든 세상으로 보였어요. 보통 사람들은 넥타이를 매고 일하러 가야 하니까요. 어른이 된다는 건 자신을 억누르는 것이라고 생각했어요. 좋아하는 일을 직업으로 갖겠다는 그런 물러터진 생각을 하면 안 된다고 할머니가 말씀하시기도 했어요. 그것은 할머니의 경험이자 자식과 손자를 생각해 하신 말씀이었겠지만 '정말 그럴까?'하는 의문이 들었죠.

저는 태국에서 태어나 일본으로 왔기 때문에 친구들 사이에서 물에 뜬 기름 같은 존재였어요. 일본어도 서툴고 특별히 공부를 잘하는 것도 아니고 그림을 잘 그리는 것도 아니고 아무것도 없었지요. 이른바 좋은 학교에 진학하고 좋은 회사에 들어가 잘 살고, 뭐든 살 수 있을 만큼의 돈을 버는 일 따위는 불가능하단 걸 어린 마음에도 확실히 알고 있었어요.

나오 씨는 책도 쓰고 다양한 곳에 등단도 해서 '뛰어난 사람'이라는 이미지가 있었는데 의외로 열등감이 있었군요.

그럼요, 엄청나게 많아요. 지금이야 편집 일을 하고 있지만, 중학교 3학년 때까지 부모님이 작문을 대신 해주셨어요. 정말 일본어를 못했거든요. 하지만 일본에 사는 이상 일본어는 누구에게도 뒤지지 않아야겠다는 생각을 하게 됐어요. 어떤 책이든 자유롭게 읽을 수 있고 어떤 어려운 이야기도 완벽하게 이해할 수 있어야 된다고 생각했죠. 소설책 읽기를 좋아해서 책을 많이 읽었던 것이 도움이 되었어요.

자신이 할 수 있는 일과 자리를 만들어 본 경험이 현재의 일과 관련 있습니까?

당시에는 '이대로 가면 내가 설 자리는 없겠다'고 생각했습니다. 회사원이 될 수 있을 것 같지도 않았고, 미래가 전혀 보이지 않았죠. 그런데 일종의 계기라고 할까, 미래를 좌우할 엄청난 숙제를 받게 되었습니다.

어떤 계기였나요?

고베 대지진 현장에서 자원봉사 활동을 했습니다. 대학 재수생이던 겨울에 지진이 일어났고 친구의 권유로 함께 자원봉사를 하기로 했죠. 거기서 만난 어른들은 학교를 중퇴하려는 대학생, 남편과 관계가 냉랭해진 주부, 수도공사를 하는 형, 목수 아저씨, 회사 임원, 대기업의 엘리트 사원 등 다양했습니다. 이들과 함께 작업을 했죠. 1,000명이 넘는 사람들이 초등학교에 대피해 있었고 매일 아침 트럭으로 음식이 도착하면 그것을 식량고에 넣고 계획을 세워 나눠주는 것이 주된 역할이었습니다. 하지만 매일 문제들이 발생했어요. 게임보이 3대를 기부 받았는데 300명 정도의 아이들에게 어떻게 평등하게 사용하도록 할 것인가, 화장실이 고장 났는데 기술자도 없어 당장 어떻게 해야 하나……. 그때마다 자원봉사자들이 모여 이렇게 하자, 저렇게 하자고 머리를 맞댔습니다. 고등학생의 아이디어든 엘리트 사원의 아이디어든 그곳에서는 평등했어요. 아이디어가 좋으면 고등학생에게 리더의 자리를 맡기기도 했죠. 모두가 돈 한푼 받지 않았지

"고베 대지진 때
자원봉사 현장은
누구나 평등했어요.
아이디어가 좋으면
고등학생에게 리더 자리를
맡기기도 했죠."

만 열심히 일하고 많이 웃었어요. '이런 게 사는 거구나.'라는 생각이 들었습니다.

스스로 극한상황에 뛰어들어 매일 정신없이 지내셨군요. 무슨 일이든 하고, 무슨 일이든 해야만 하는.

그렇죠. 아까 하던 화장실 이야기를 계속하자면, 결국 학교 주변에 도랑을 파고 임시 화장실로 만들었어요. 배설물이 도랑에 차오를 때쯤, 단단히 각오하고 다 함께 삽으로 배설물을 쓰레기봉지에 담아 쓰레기 처리시설로 가지고 갔습니다. 그 후 자조(自助)를 위한 자원봉사자 그룹을 만들었고 몇 개월이 지난 뒤 천천히 지역 주민들이 그룹을 운영할 수 있도록 지원하면서 자치회가 기능할 때까지 백업도 해드렸습니다. 그 과정에서 '아, 내가 아는 어른들은 그냥 자신을 죽이고 있었던 거구나.'라는 생각이 들었습니다.

모두들 자신이 가진 재능이나 가능성 같은 건 몰랐지만 그것을 발휘할 수 있는 기회를 자원봉사 현장에서 얻은 거죠. 돈을 벌기 위해 열심히 하는 게 아니다! 그런 힘이 인간에게 있다는 것을 알고 '아, 인간이란 대단한 존재구나'라고 생각했습니다. 그렇지만 도쿄로 돌아와 대학생활을 하다 보니, 역시 모두가 상식에 얽매여 있고 아래를 보며 살더군요. 재능보다는 직업이 중요하잖아? 우선 시키는 일을 하는 게 옳아…… 이런 식이었어요. 교육 자체도 그랬죠. 그런 상황이 이해되지 않았어요. 자원봉사 때처럼 자신의 힘을 발휘할 수 있는 상황을 평소에도 만들려면 어떻게 해야 할까? 그것이 그린즈를 시작하게 된 이유입니다.

고베 대지진 이후의 학교생활은 어땠나요?

"4년간 미술대학을 다녔어요. 하지만 고베에서 받은 숙제가 너무 커서 어떻게 해결해야 할지 몰라 멍한 느낌이었죠. 그 때의 충격이 너무 커 대학생활도 하는 둥 마는 둥 했어요. '테니스 치러 가자'는 친구들의 말이 비현실적으로 느껴졌죠. 한동안 사회 복귀에 어려움을 느껴 안간힘을 쓰며 여러 가지 일을 해 봤지만 대학생활을 별로 잘 하지는 못했던 것 같아요. 대학 졸업 후에는 어떻게 하면 창의적인 환경을 만들까, 나답게 살아갈 수 있을까 생각했어요. 결국 도치기에 있는 학교법인 아시아 학원에서 1년간 자원봉사를 했죠. 그곳은 고베와 마찬가지로 돈 때문에 일하지 않고 각자의 재능을 살리며 살 수 있는 환경이었어요."

그런 곳이 있군요. 아시아 학원에서의 생활은 어땠습니까?

아시아 학원은 지금 살고 있는 이스미 시와 비슷한 느낌으로, 콘크리트 깔린 땅이 별로 없는 곳이에요. 6헥타르의 넓은 농원이 있는데 그곳에는 소도 있고 돼지도 있고 닭도 있어요. 논과 밭도 있어서 60여 명이 공동체 생활을 하는 곳이죠. 아시아와 아프리카에서 연수생들이 농촌 리더십을 공부하러 오기도 합니다. 개발도상국가의 농촌은 글로벌 착취 구조의 하위에 자리하고 있기 때문에 가난하게 사는 사람이 많습니다. 지역에 따라 조금씩 다르겠지만 꽤 많은 비율이 소작인으로 전락했기 때문이죠.

4세대 전까지만 해도 자기 소유의 토지가 있어서 자급자족하며 살았는데 화폐경제가 들어오면서 돈을 사용하는 생활이 시작되었고, 거기에 대기업이 들어와 "지금 가지고 있는 토지를 당신의 연봉보다 몇 배 높게 사

“아시아 학원은

고베와 마찬가지로

돈 때문에 일하지 않고

각자의 재능을 살리는

환경이었어요.”

겠소. 우리 농장에서 일하면 되니까, 월급도 이만큼은 나오니까"라고 말하니 모두들 토지를 팔아 버린 거예요. 그곳에 바나나 농장이나 사탕수수 플랜테이션이 들어섰고 사람들은 소작인이 되었죠. 결과는 어땠을 거 같아요? 소작인은 얼마든지 갈아치울 수 있으니 급료가 점점 내려갑니다. 결국에는 살아갈 힘도 없이 글로벌 경제에 편입된 가난한 생활이 몇 대째 이어집니다. 몇 세대에 걸쳐 밑바닥 생활을 강요당한 농촌 사람들이 있기 때문에 지금 우리는 설탕이나 바나나, 커피 같은 것을 싸게 살 수 있는 것입니다. 그곳으로부터 벗어날 힘을 키우도록 돕는 곳이 아시아 학원입니다.

개발도상국의 현실을 알았을 때 고베와 마찬가지로 '숙제'라고 느꼈나요?

그렇죠. 그런 문제를 현지에 가서 직접 해결하기보다는 문제를 해결할 수 있는 사람을 키우기 위한 학교예요. '새로운 사회를 만드는 적극적인 움직임'에서 감동을 느꼈죠. 모인 사람도 개성이 강하고 재미있어요. 아시아 학원을 나온 후에는 도쿄로 돌아가 직장생활을 했어요. 샐러리맨은 순수하게 돈을 벌기 위해 일하죠. 그렇지만 샐러리맨 생활도 재미있었어요(웃음).

당시 어떤 일을 주로 했나요?

IT 서포트 데스크라고나 할까요? 제가 입사했을 때는 사회가 IT화 되는 과도기였는데 근무하던 회사는 IT화가 거의 되어 있지 않았어요. LAN을 끌어다 네트워크화 했죠.

그 회사에서는 몇 년 정도 근무하셨습니까?

3년쯤이요. 월급쟁이 생활도 재밌었던 것 같아요. 안정된 수입이 감사했고, 제 경우에는 회사에서 영어를 할 수 있는 헬프데스크를 원했어요. 아, 헬프데스크가 아니라 네트워크 엔지니어라고 하나요, 아무튼 회사의 IT화를 관리했어요. 거기서 보통 수준의 급여를 받았기 때문에 나쁘지 않다고 생각했어요. 그러던 어느 날 문득 위기감이 들더군요. 하고 싶은 일이 있는데도 안주한다는 게 그 순간엔 편할지 모르지만, 5년 후에도 IT 매니저로 일하고 있을 것을 생각하니 그건 좀 싫을 것 같았어요. 새 기술을 습득한 젊은이들이 점점 들어오기도 할 것이고요.

IT와 관련된 느낌은 전혀 없었는데 전문가셨군요.

원래 컴퓨터 마니아였어요. 프로그래밍 잡지를 사서 내용대로 따라하며 작동시키는 걸 좋아했죠. 컴퓨터를 하면서 자유를 느꼈던 것 같아요. 제가 어렸을 때는 대기업이 미디어를 독점하고 있었거든요. 인터넷도 그렇지만 매스 미디어라고 해서 큰 신문사와 TV 방송국, 대형 잡지사가 출판하는 잡지밖에 없었죠. 언더그라운드의 지역 정보잡지라든지 동인지가 조금 있었지만 그 차이는 확연했어요. 정보의 유통방법도 회사 구조도 그렇고요. 대기업과 중소기업은 월급에서 차이가 많은 등 사회가 전체적으로 그런 구조인데 반해 컴퓨터 분야만은 '너에게 의지만 있다면 뭐든 할 수 있어'라고 말해주는 것 같았어요. 가능성을 느꼈죠.

그렇군요. 그게 인터넷에서 느낀 자유였군요.

소프트웨어 개발도 재미있고, 인터넷 상에서 다양한 웹 잡지나 미디어를 만들고 혼자 신문사와 논쟁할 수 있는 가능성도 있지요. 그 점이 대단히 재미있다고 생각했어요. 게임 제작자도 재미있는 직업이라고 생각했고, 혼자서 뭐든 할 수 있으니까요. 많은 자본이 필요한 것도 아니고요. 애초에 컴퓨터는 대기업이나 연구소, 정부가 소유하고 있었고 컴퓨터의 가능성은 그들만이 독점하고 있었는데 그건 비정상이라 생각했어요. 개인도 컴퓨터의 힘을 이용해 다양한 것을 만들고 비즈니스하며 살아갈 수 있는 가능성이 있죠.

일찍이 그런 생각을 했던 사람이 70년대의 앨런 케이나 스티브 잡스였죠. 개개인의 능력을 해방시킨다는 사상에 상당히 공감했어요. 정보를 자유롭게 얻을 수 있는 거죠. 인터넷에 제일 먼저 흥미를 가졌던 것은 PC 통신이었는데, 전 세계와 채팅을 할 수 있었어요. 처음 채팅을 했을 때 얼마나 감동했는지 몰라요. 브라질에서 실시간으로 답이 왔으니까요!(웃음).

당시에는 지구 반대편에서 답이 왔으니 큰 감동이자 대단한 충격이었을 것 같은데요.

가난한 사람도, 어설픈 중학생도 전 세계 정보에 접할 수 있다니 굉장한 혁명이었죠. 그러다 대학 1학년 때 《명쾌한 인터넷》이란 책을 통해 인터넷의 엄청난 세계를 접하게 되었어요. 기억이 정확치는 않지만 UFO가 착륙한 장소를 모은 웹 사이트라든지 살인 현장 사진을 모은 웹 사이트 등이 있었던 것 같아요. 요컨대 그 자체를 보고 싶었던 것은 아니지만 정

"사회 전체가 소비적으로 변해가면서

잃어버린 것이 많아요.

소비에 너무 익숙해진 나머지

돈으로 해결하는

삶의 방법밖에 모르죠."

부가 꺼려하는 정보에 자유롭게 접근할 수 있다는 것을 알게 되었죠. 전화 시스템을 해킹해 공짜로 국제전화를 건다는 이야기도 무성했고, 어떤 의미에서는 창조를 통한 자유로운 공간이 펼쳐지고 있었던 거예요.

'너무 재밌다, 바로 이것이다!'라고 직감했어요. 학교라는 공장에서 순종적인 사람들이 쏟아져 나오는 교육 시스템에서는 순종형 인간이 사회를 이끌게 마련이죠. 저는 거기서 벗어나 있다는 느낌을 받았기 때문에 장차 행복해지기 어렵다고 생각하고 있었어요. 하지만 인터넷에는 자유로운 신세계가 펼쳐지고 있었죠. 그러니까 저에게 인터넷은 혁명이었어요.

★ ★ ★

인터넷 여명기에 그런 감동들이 세계 곳곳에 존재했군요. 지금은 정보를 더 쉽게 얻을 수 있는 시대인데, 사람들은 전보다 더 자유로워졌을까요?

인터넷의 본질은 누구라도 자유롭게 싼 값으로 정보를 제공하고 받음으로써 인간의 가능성을 확장시키자는 것입니다. 그러나 1인 1핸드폰으로 손바닥 위에서 전 세계와 연결되는 지금, 실제로는 점점 자유를 속박당하는 부분도 있죠. 매월 스마트폰 요금을 1만 엔 이상 내거나, 가족이나 친구와 함께 있으면서도 스마트폰만 들여다보거나. 자유로운 것 같지만 전혀 자유롭지 않죠. 인터넷을 만든 선배들이 지녔던 철학과 사상은 소비주의로 교체되려 하고 있어요. 사회 전체가 소비적으로 변해가면서 잃어버린 것이 많아요.

야채만 해도 슈퍼에서 24시간 바로 살 수 있지만 맛은 또 다른 문제거든요. 저도 지금까지 당근은 맛이 없는 줄 알았는데 밭에서 금방 뽑은 당근은 생으로 먹어도 달더라고요! 밭에서 옥수수를 따서 그대로 한 입 베어 물면 놀라우리만치 달아요. 밭에서 캔 뒤 30초 이내가 제일 달다는 걸 배웠죠. 그런 경이로움을 선택할 수 없는 지금의 상황이 과연 정말 자유롭다고 말할 수 있을지 의문이에요.

처음에는 인터넷이 혁명이라고 생각해 가상 세계 안에서 자유를 추구했지만 막상 현실화되니 자유가 아니더란 이야기인가요?

처음에는 모두 자유로워지고 싶어 소비주의를 추구했죠. 76년생인 제가 스무 살이 될 때까지의 시기는 고도경제성장기에서 버블경제가 끝나는 20년간으로 사람들이 소비를 만끽하던 시대였어요. 쇼핑하고 놀러 다니고 먹고 버리는 등 쾌락이 세상을 뒤덮었죠. 지역의 커뮤니티나 가족의 유대감을 내다버린 시대였어요. 그 결과 2010년대가 되면서 사람들 마음은 정말 사막처럼 황량한 상태가 되고 말았다고 생각해요. 옆에 누가 사는지도 모르고 어려움에 처했을 때 도와줄 사람이 누군지도 모르죠.

뭐든 살 수 있는 자유가 있는 것처럼 보이지만 소비에 너무 익숙해져 돈으로 해결하는 삶의 방법밖에 몰라요. 인간관계가 희박해도 살아갈 수 있으니까요. 하지만 한꺼풀 벗겨보면, 조그만 일로도 인생이 나락으로 떨어지지 않을까 하는 불안, 대출을 갚아나갈 수 있을까 하는 불안, 재해가 일어났을 때 가족을 지킬 수 있을까 하는 불안으로 가득하죠. 모두가 모순을 느끼기 시작하면서 에너지나 음식, 집, 생활에 없어서는 안 되는 것을 직접 만드는 것이 하나의 해결책이 되지 않을까 하는 실험이 시작되었

"에너지나 음식, 집,

생활에 없어서는 안 되는 것을

직접 만드는 것이

해결책이 되지 않을까 하는

실험이 시작되었어요."

"나의 '필요'와 타인의 '재능'을

연결하는 방법을 찾으면

아주 적은 자원으로도

'행복한 사회'를 만들 수 있다고 생각해요."

어요. 클릭 한 번으로 사는 게 아니라 자신의 생활을 하나씩 만들어 가는 거죠. 어려움에 처했을 때나 그렇지 않을 때에도 서로 돕는 인간관계를 하나씩 만들어요. 그런 삶의 방식을 배우고 직접 만듦으로써 살아가는 힘을 회복할 수 있을지 모른다……. 그것이 지금 제가 관심을 갖고 있는 부분입니다.

나오 씨가 주목하고 있는 '기프트 에콜로지(gift ecology)'란 무엇인가요?

우선 우리가 지금 여기에 살아있다는 것 자체가 기적입니다. 신비로움 속에서 지구에 생명이 탄생되었고 어떤 이유로 진화를 거듭하면서 사회를 형성했죠. 수십조 개의 세포 하나하나가 협력하면서 심장을 끊임없이 움직이게 만들고 면역 시스템을 유지합니다. 매일 먹는 음식이 생명체의 목숨을 유지시켜줍니다. 우리는 여기까지 생명을 이어 주신 선조들과 우리의 친구인 식물, 동물, 생태계로부터 매일 선물을 받는 셈이죠.

지구가 매일같이 태양의 주위를 돌기 때문에 지구의 어느 면은 태양이 떠올라 따뜻해지고 어느 면은 태양이 져서 열기가 식습니다. 그렇게 회전함으로써 기압의 변화가 생기고 바람이 일게 되죠. 따뜻한 곳과 그렇지 않은 곳이 생깁니다. 기압의 변화가 생기면 물이 증발해 구름이 되어 산 위로 이동하고 물이 순환합니다. 그런 식으로 생각하면 자연이 이런 상황으로 이루어진 것 자체가 기적이죠. 태양이 매일 떠오르고 매일 저무는 것이나 강물이 흐르는 것, 그리고 비가 내리는 것 등 그 전부를 나타내는 말이 '기프트 에콜로지'입니다.

몹시 장대한 이야기입니다만!

지구상에 다양한 생명체가 태어났고 인류는 2000만 년 전에 태어났다고 알려져 있습니다. 조몬 시대가 5000년 전, 산업혁명이 일어난 게 250년 전. 어떤 종은 멸종되고 어떤 종은 생겨나면서 생명의 순환이 계속되고 있지요. 그 안에 지금 우리가 있는 겁니다. 현대 사회나 자본주의사회 속에서 우리가 도시생활을 할 때는 모든 물건에 가격이 붙게 마련이죠. 가격은 가치의 상징인데, 그 가치는 100% 자연에서 오는 것입니다.

노동력도 인간이라는 자연이 낳은 가치죠. 물을 페트병에 담아 팔지만 그 물은 원래 지구가 공짜로 제공하는 것입니다. 물은 점점 오염되고 있지만 지구가 정화시켜 주기 때문에 깨끗한 물을 마실 수 있죠. 채소도 우리가 기르는 것이 아니라 자연이 키워준 것을 우리가 가격을 매겨 파는 것이고요. 자연과 살아 있는 것 모두가 기프트, 선물이에요. 엄청나게 큰 선물의 순환 속에서 인간은 비로소 살 수 있게 허락받았고 사회를 만든 거죠. 그리고 사회 속에 경제라는 시스템을 만들었고요.

가치는 전부 자연이 생산해낸 것이다, 그런 이야기인가요? 지금까지 그런 생각을 한 적이 없었네요.

주고받는 행위는 경제보다 훨씬 긴 역사를 가지고 훨씬 큰 규모로 이루어져왔는데 그것은 지금도 마찬가지입니다. 가령 아이를 기른다는 것은 경제로 따질 수 없는 일입니다. 연로하신 부모님을 보살피는 일도 경제로 따질 수 없죠. 이웃집 앞을 청소하는 것도 경제의 문제가 아닙니다. 가족이나 친구를 위해 무엇인가를 해 주는 일도, 남는 것을 나눠주는 것도 경제가 아니죠. 경제는 사실 좁은 영역의 이야기입니다. 사람과 사람간의 주고받는 행위라든지 사람과 자연과의 관계는 어마어마하게 큰 것이지요. 그렇게 생각하면 우리는 너무 '경제'에 사로잡혀 있다고 할까, 경제가 세상의 대부분을 차지한다고 생각하는데, 실제는 그렇지 않다는 관점의 전환이 기프트 에콜로지라고 생각합니다.

경제를 앞세우기보다 지구나 자연의 선물로 우리가 살고 있다는 감각을 되찾아야 한다는 거군요.

그렇죠. 경제가 없다고 세상이 사라지지는 않지만 자연이 없어지면 경제는 100% 성립되지 않습니다. 유리는 모래로 만들어졌고, 석유는 공룡이나 식물의 사체고, 알루미늄이나 실리콘도 지구가 만들어 준 것이죠.

도시에 살다보면 자연을 그런 식으로 파악하는 경우가 거의 없는 것 같아요.

지금과 같은 경제 중심적 사고방식과 상황에서 벗어나 무엇이 인간에게 필요한 것인지 다시 한 번 생각했으면 좋겠어요. 모든 것을 경제로 치환한다면 아이를 낳고 키우는 일은 수지가 맞지 않는 일이죠. 지금의 저출산 문제는 머니 자본주의에 대한 솔직한 반응이라 생각해요. 내게 필요 없는 물건이 누구에게는 가치 있는 것이기도 하고, 어떤 이의 재능이 내게는 아주 고마운 것이지만 당사자에게는 당연한 것일 수도 있죠.

나의 '필요'와 타인의 '재능'을 연결하는 방법을 찾으면 아주 적은 자원으로도 '행복한 사회'를 만들 수 있다고 생각해요. 자연이 38억 년이나 번영을 지속할 수 있었던 이유가 바로 그런 것이겠죠. 그것에 감사하고 또 그것을 배워 사회를 만들어 가자는 것이 '기프트 에콜로지'의 개념이에요.

자본주의를 기프트 에콜로지 같은 차세대 생활방식으로 가져오기 위해서 어떻게 해야 할까요?

첫째는 자연을 알고 자연을 활용하는 것입니다. 생활을 되돌아 봤을 때 자연이 주는 선물을 최대한 활용하는 생활을 디자인하는 거죠. 둘째는 사람을 알고 사람답게 살 수 있는 사회를 디자인하는 것입니다. 사람을 안다는 것은 행복, 괴로움, 즐거움, 기쁨을 안다는 뜻입니다. 사람의 마음과 나란히 가는 삶과 사회를 만드는 것이죠. 셋째는 지혜, 기술, 물건, 시스템을 모두 함께 나누는 것입니다. 지구도 사회도 유한하기 때문에 연대하고 공유하는 시스템이 매우 중요합니다.

최근 늘고 있는 셰어하우스는 그런 현상 중 하나라고 생각해요. 다 함께 오두막을 짓는 커뮤니티 빌드도 그렇고, 셰어 이코노미도 마찬가지겠지요. 다양한 실험이 이루어지는 가운데 '작게 산다'는 것이 하나의 답이 아닐까 생각합니다. 작게 사는 것은 에너지 부하가 적고 사용하는 나무도 적고 집을 짓는데 까다로운 부자재도 사용하지 않죠. 그렇게 되면 전문가에게 맡기지 않아도 어느 정도 만들 수 있어요.

작게 살다보면 자연스레 밖으로 관심이 이어지고 주위 사람들과 협력하는 삶을 살게 됩니다. 꼭 오두막에서 살자는 것이 아니라 작게 사는 사고방식을 갖자는 것입니다. 1년에 한 번밖에 쓰지 않는 물건도 꽤 있잖아요. 재봉틀처럼요. 재봉틀을 쓰려면 약간의 기술도 필요하죠. 그렇다면 사용법을 알고 있는 사람에게 제가 가지고 있는 것을 제공하면서 재봉을 배

"작게 살며

주변에 마음을 여는 삶의 방식은

'기프트 에콜로지'로 옮겨가는

하나의 방법이라고 생각해요."

운다던가 하는…….

경험과 기술도 나누자는 것이군요.

그렇습니다. 커뮤니티 빌드도 그런 것인데, 저는 집을 지어야 하고 다른 이들은 집 짓는 법을 배우거나 체험하고 싶은 욕구가 있으니 서로 적당한 형태로 함께 집을 짓는 것이 좋은 방법이라고 생각하는 거죠. 제가 하는 일로 인해 다 같이 그런 경험을 할 수 있는 장소를 갖게 된다면 다음에 누군가가 집을 지을 때 저도 응원할 수 있고, 그런 사람이 많아지는 것이 제 기쁨이지요.

돈을 지불하는 방식이 아니라 서로가 필요로 하는 것을 '교환'하는 것이군요.

다른 방식으로 집을 싸게 지으려 했다면 디자인 능력이 있는 목수에게 3주 정도 기숙하면서 일해 달라고 의뢰했을 거예요. 그게 제일 간단하고 비용도 저렴해요. 하지만 앞서 말한 여러 가지 것들을 놓치겠죠. 예컨대 집짓기 공부를 하며 알게 되는 것들과 집을 짓는 과정에서 알게 되는 사람들이라든지 그런 것은 없죠.

작게 살며 주변에 마음을 여는 삶의 방식은 기프트 에콜로지로 옮겨가는 하나의 방법이라고 생각해요. 지역 화폐 같은 새로운 커뮤니케이션 툴을 만드는 것도 방법 중 하나죠. 하루아침에 가능하지는 않겠지만 지역민 모두가 유대관계를 맺고 어려움에 처한 이를 도와준다거나, 재봉틀처럼 자주 쓰지 않는 물건은 사람들끼리 순환시킨다거나. 그러면 생활이 편리해지고 어려움에 처했을 때 정보도 공유하면서 재해가 일어났을 때는 서로 돕는 네트워크가 됩니다.

그런 흐름이 생긴다면 살아가는데 물건도 돈도 많이 필요하지 않을 것 같아요. 유사시에도 안심할 수 있고요.

물건이든 돈이든 '필요할 때 모을 수 있고 필요 없으면 누군가에게 주면 된다'는 상황이 되면 그렇죠. 저도 앞으로 지출을 줄이려고 해요. 예컨대 태양의 혜택을 최대한 살린 집은 아마추어라도 만들 수 있어요. 그렇게 되면 여름에 냉방이 필요 없고 땅이 어느 정도 있어 몇 년 농사를 지으면 먹을 양식의 3분의 1 정도는 자급자족할 수 있어요. 쌀농사는 모두가 협력하는 커뮤니티 형식으로 하면 부담도 줄어듭니다.

혼자 일하지 않는다는 것이 특징이에요. 자급자족하려는 사람은 지금도 많고, 실제 엄청나게 노력하고 있는 사람도 많아요. 저는 함께 하는 것이 더 즐거워요. 하지만 혼자서는 하고 싶지 않거든요. 그래서 여름에 시원하고 겨울에 따뜻한 작은 집에 살면서, 늘 친구가 끊이지 않고 만나고 싶은 이들이 놀러오는 그런 삶을 살고 싶어요.

새로운 형태의 농촌이네요. 예전에는 그곳에서 나고 자란 사람이 농사를 지었지만 지금은 각지의 사람들이 모여 농사를 지을 수 있게 되었죠.

그런 생활은 이미 시작됐어요. 제 주변에서는 땅을 빌려 함께 밭농사를 짓고 있거든요. "오늘 바빠서 밭에 못 나가요."라고 말하면 "그럼 내가 잡초를 뽑아 놓을게."라는 식으로 일해요. 저는 아직 받은 만큼 되돌려주지 못해 마음이 불편한 면도 있지만요. 또 다른 곳에서도 논농사를 시작했는

"모든 사물에는 '니즈'가 있어요.

'니즈'를 충족시켜 주고 '선물'을 받는 거예요.

니즈를 연결해 문제를 해결하고

선물을 받아 생활하는 그런 '순환' 구조를 만드는 것이죠.

'니즈'와 '선물'을 교환하면

점차 자본주의에 대한 의존도를 낮출 수 있죠."

데, 농사 선배에게 이것저것 물어가며 시간이 비는 사람이 일을 하고 있어요. 최종적으로 능숙하게 논농사를 지을 수 있을 때 독립해서 논을 늘려갈 생각이에요. 그러면 제가 사는 치바의 경작 포기지가 점점 부활해 예쁜 풍경으로 변하겠죠. 그런 방식으로 일하는 사람들은 소규모라 기계를 사용하지 않아요. 환경에 부담을 덜 주죠. 자기가 먹을 것이니 농약도 사용하지 않고요. 무농약 논이 증가하면 생태계가 풍요로워져 다양한 동물들이 돌아와요. 선순환이죠. 그런 일들이 현실에서 생기기 시작했어요. 요소를 연쇄적으로 연결해 가는 발상이죠.

물건을 공유하며 농사를 짓는 등 '선물'을 서로 나누는 것이군요.

최근에 배운 것이라 전달이 잘 될지 모르겠습니다만, 조금 들어가면 사물에는 '엘리먼트'와 '니즈'와 '기프트'가 있다고 해요. 엘리먼트란 '요소' 혹은 '원소'라는 의미죠. 원소는 '그것이 그것이고 싶은 힘, 그것이고자 하는 힘'이에요. 불꽃은 타고 싶어 하고, 물은 떨어지고 싶어 하고 옆으로 퍼지려 하죠. 그러니까 모든 사물에는 엘리먼트가 있고 그 물건이 요구하는 '니즈'가 있어요. 나무를 예로 들면 이해가 쉬울 텐데, 나무는 '태양과 공기와 물과 흙과 친구' 이 다섯 가지를 필요로 합니다. '태양과 공기와 물과 흙'이 있으면 나무는 자라죠. 하지만 주위에 같은 종류의 나무가 없으면 열매를 맺을 수 없어요. 꽃가루나 씨를 옮겨 주는 새나 벌레도 필요하고요. 그리고 주변에 그늘을 만들어 주는 다른 나무가 없으면 시들어 버리는 경우도 있어요. 그래서 나무는 주변의 나무나 생물 등 '친구'가 필요한 거예요.

'엘리먼트'와 '니즈'는 상관관계라고도 할 수 있겠군요.

여기에 '기프트'도 있어요. 나무의 선물이라고 하면 나무 그늘이 생기고, 열매가 달려 먹을 수 있고, 가지를 자르면 연료가 되는 것이죠. 그것은 '선물'이죠. 그래서 우리는 나무의 '니즈'를 충족시켜 주고 '선물'을 받는 거예요. 그렇게 해서 밭의 선물이나 니즈는 무엇일까, 또는 집의 니즈와 선물은 무엇일까를 생각해 연결하면 돈으로 해결하지 않고도 니즈를 연결해 문제를 해결하고 선물로 생활할 수 있어요. 지금 그에 대해 한창 공부하는 중인데, 그것을 다른 말로 하면 '파머컬처'라고 해요. 우리집 오두막 주위에 자라는 고야는 햇빛과 물이 필요하고, 여름에 덥기 때문에 저는 오두막으로 들어오는 햇빛을 막을 필요가 있죠. 고야가 자라면서 덩굴을 늘려 초록 커튼을 만들어 주니 저의 니즈가 충족되고, 제가 물도 주며 가꾸니 고야도 행복하고 저도 행복해요. 게다가 고야 열매를 선물로 받아요. 우리 가족은 맛있는 고야를 먹고 건강해지죠. 그런 '순환'입니다.

엘리먼트는 사물의 성질이고, 니즈는 필요로 하는 것, 기프트는 그 결과 생산된 것. 각각의 엘리먼트를 살려 '니즈'와 '선물'을 상호 교환하는 것은 무리가 따르지 않는 삶의 방식이라 생각되는군요.

그렇게 살다 보면 '냉방을 하면 시원하다'는 방식이 비효율적이라는 생각이 듭니다. 집의 외벽은 뜨거운 상태인데 냉방으로 방안의 공기만 식히면 방안은 곧바로 더워지거든요. 고야를 길러 초록 커튼을 만드는 것이 더 합리적이에요. 여러 곳에 이런 방식을 적용시켜 가면 점점 돈이 들지 않는 생활을 할 수 있어요. 그렇게 되면 자본주의에 대한 의존도를 낮출 수 있죠. 자본주의 시스템에 지나치게 의존하다보면 재해가 발생하거나 버블이 생겼을 때 위험합니다. 경제의 엘리먼트 중 하나는 버블을 필요로 한다는 것입니다. 주가가 확 올라 '자산이 엄청 늘었다'는 이들은 거기에 동참한 사람들입니다. 그들만 즐거운 상황이죠. 점점 많은 사람들이 그런 상황을 좋아하게 되고 점점 가속도가 붙게 되죠. 하지만 버블이 터졌을 때 손해를 보는 것은 결국 평범한 사람들입니다.

버블이 터져도 여유있는 사람은 벗어날 수 있지요. 은행은 구제되고요.

부자들은 '슬슬 버블이 끝날 것 같으니 자산을 현물로 바꾸어 두자'라며 움직입니다. 빚이 너무 늘었기 때문에 디폴트를 선언하면 제로가 된다는 거죠. 일본은 지금 국채를 발행해 막대한 빚을 지고 있잖아요. 향후 디폴트를 선언해 빚을 청산할지도 모르죠. 그 때 손해를 보는 것은 일반인들이에요. 그러니 더욱이 자기 자본의 절반 정도는 기프트 에콜로지 내에 비축해 두는 것이 안심입니다. 이런 세상에서는 공생하는 사람들이 필요하니까요.

모두가 함께 어울려 화덕을 만들고, 완성되면 다 같이 피자 파티를 하며, 남은 식재료를 들고 와 술을 마신다면 즐겁지 않겠어요? 그렇게 지역이 연결되면 살기 편해져요. 그러나 자본주의 사회에 너무 깊이 관여하면 소비자로서 편리를 누리지만 끊임없이 돈을 벌어야 하고 일을 계속해야 하죠. 시스템이 그런 식으로 되어 있어 어쩔 수 없는 면도 있어요. 그 속에서 완전히 빠져 나오기보다 새로운 중심을 만들며 사는 것이 행복이라고 생각해요. 새로운 중심을 가진 사람이 늘어나지 않고 모두가 자본주의에 빠져 있으면 그것이 무너졌을 때 매우 위험한 상황이 될 거예요.

공생하며 사는 동료 이야기가 나왔습니다만, 세상에는 커뮤니케이션에 서툴거나 좋아하지 않는 사람도 있을 텐데요, 그들이 '파머컬처'에 참가한다면 어떻게 하는 게 좋을까요?

저는 고베 대지진 자원봉사에 참가해 '행복해지는 사회란 대체 무엇일까?'라는 숙제를 받았고, 그 후 아시아 학원에서 '해답은 자연 속에 있다! 나도 자연의 일부다'라는 사실을 깨달았어요. 저는 도시에서 태어나고 자라서 '살아있다'는 것이 어떤 것인지 잘 몰랐어요. 제 힘으로 살아간다고 생각했고, 더 심해지는 경쟁에서 지면 안 된다는 생각도 있었죠. 하지만 아시아 학원에서 1년간 지내며 태양이 매일 떠오르고 풀이 자라고 병아리가 커서 알을 낳고 남은 채소를 데쳐서 먹으며 함께 1년간 생활했더니 '아, 내가 살아있구나', '오늘도 바람이 불어줘서 고맙다, 진짜 최고다'라는 것을 느낄 수 있었어요. 동료들과 함께 하기 때문에 농사일도 즐거웠고 실패해도 웃을 수 있었어요. 도쿄로 여행갈 때는 돈이 없어 히치하이크로 가자고 했던 일도 있었지만요.

선물을 받으며 산다면 서로 연결되어 있다는 자각을 할 수 있다는 건가요?

그렇죠. 산다는 것은 언제나 어떤 존재의 도움을 받아 살게 됩니다. 그러니까 아무것에도 의지하지 않고 사는 사람은 물리적으로 존재할 수 없어요. 혼자 밭농사를 할 때 행복한 사람도 있겠지요. 다른 사람과 별로 사귀고 싶지 않다면 교류하지 않아도 된다고 생각해요. 주위의 도움을 받으

며 산다는 것이 중요하지 관계를 맺는 것 자체가 목적은 아니에요

결국 어떤 것에 행복을 느끼는가의 문제네요. 개개인이 행복한 상태에 도달하는 수단은 또 다른 이야기일지도 모르겠어요.

자본주의란 인간을 어떻게 하면 행복하게 할 것인가에서 생겨났다고 생각합니다만, 지금은 손에 잡히지 않는 생물처럼 되어 버려서 많은 사람들이 거기에 휘둘리고 있죠. 경제라는 개념을 사용해 행복해지려고 한 것인데, 우리도 모르는 사이에 '경제'라는 생물체의 꼬리에 매달려 휘둘리는 느낌이에요. 자본주의는 수많은 개념이나 수단 중 하나일 뿐이고, 때마침 지금 이 시점에서 주류를 이루고 있을 뿐인 거예요. 인간이 행복을 추구하는데 필요한 수단에 지나지 않아요.

수단보다는 어떻게 행복하게 살까, 그것이 더 중요한 거죠.

맞아요. 자본주의도 해킹(창조적으로 연구하는 것)해서 잘 사용하면 된다고 생각해요. 자본주의는 편리한 제도이고 혜택을 받고 있는 건 틀림없으니까요. 혜택은 무엇이고, 단점은 무엇인지 잘 파악해 창조적으로 연구해서 유쾌하고 즐겁게 사용하면 된다고 생각해요.

제가 도쿄에서 한 시간 거리의 치바에 살면서 도쿄로 일하러 다니는 것이 그런 것이죠. 도쿄의 속도감이라든지 사물의 변화에 대한 대응력이라든지 새로운 개념에 대한 수용력이라든지, 앞으로 일본 전국에 영향을 미칠 수 있는 장소라고 생각하기 때문에 도쿄가 엄청 재미있어요. 사회와 관계를 끊고 틀어박혀 히피 생활을 하자는 것이 아니에요. 무엇이 행복인지

"어떻게 행복하게 살까?

자연과 공존, 에너지 자립,

이웃과 더불어 사는 삶이라면

좀더 행복해지지 않을까."

생각하고 각자가 느끼는 대로 조금씩 실천하면 된다고 생각해요. 그때 개인적으로 하기보다 커뮤니티를 만들어 하는 게 훨씬 재미있고 의욕도 생기기 때문에 추천하는 거죠.

★ ★ ★

자본주의도 회사도 돈도 원래는 사람이 살기 편한 상황을 위해 만들어진 것이었다. 하지만 지금은 그것에 휘둘려 '돈이 없으면 살 수 없다', '일이 없으면 생활이 안 된다'라고 생각하는 사람이 많아졌다. 그런 속박에 답답함을 느끼는 사람도 많지 않을까? 나오 씨는 집과 음식, 에너지까지 자급자족할 수 있다면 자본주의의 속박에서 벗어난 삶을 선택할 기회가 늘어난다고 말한다. 나오 씨의 말이 크게 와 닿는 것은 머리로 생각한 논리가 아니라 몸을 움직인 체험을 통해 나온 말이기 때문일 것이다. 지금 가진 것을 활용해 서로를 존중하고 경험을 공유하는 삶의 방식을 실험하는 가운데 이런 움직임이 자연스럽게 퍼져 나가는 것이 이상적일 것이다.

스즈키 나오 씨 트레일러 하우스 생활편

‘짐’이 되는 집을 버리고 새로운 삶을 실험하다

인터뷰에서 향후 삶의 방식에 대해 다양한 각도에서 의견을 이야기해 준 greenz.jp의 편집장 스즈키 나오 씨. 나오 씨는 현재 치바 현 이스미 시의 트레일러 하우스에 살고 있다. 이곳과 도쿄의 직장을 오가는 그의 생활은 과연 어떨까?

나오 씨가 편집장을 맡고 있는 greenz.jp는 ‘원하는 미래는 내 손으로 만들자’를 캐치카피로 내건 웹 매거진이다. 웹 사이트에서 소셜 디자인과 DIY를 소개하는 나오 씨는 이스미 시로 이주하기 전에 ‘내가 관리할 수 있는 크기의 집을 직접 손질해가며 살고 싶다’, ‘지출을 더 줄이고 자유롭게 살고 싶다’는 생각을 했다. 현재 트레일러 하우스에 살게 된 것도 거주 방식을 바꾸는 실험에 가까운 것이었다고 한다.

나오 씨가 사는 트레일러 하우스는 작은 부엌과 거실이 하나, 침실 하나, 바깥에는 우드데크가 있고 로프트가 딸려있는 10평(35평방미터)의 작은 집이다. 이곳에서 나오 씨의 부인과 두 자녀까지 모두 4명이 생활한다. 또

한 부지 안에는 서재 공간으로 사용하는 야도카리 오두막부가 지은 로프트 딸린 작은 오두막이 하나 있다. 예전에는 근처 45평(150평방미터)짜리 큰 통나무집에서 살다가 살림 규모를 확 줄였다. 물론 이곳으로 이사하기 전에 4개월 동안 단사리(斷捨離, 일본에서 유행하는 생활방식으로 '끊고 버리고 떠난다'는 의미) 기간을 거쳤다고 한다.

"꽤 많이 버렸어요. 이건 집에 들어갈까? 아니, 안 들어가겠어! 이런 말들을 수도 없이 반복했죠. 이곳에 온 후로도 단사리는 계속되고 있어요."

나오 씨의 집에는 텔레비전, 라디오, 전자레인지 등 일반 가정에 있을 법한 가전제품이 거의 없다. 냉장고는 150리터짜리 작은 것을 사용하며 비전화(非電化)에 가까운 생활을 실험하기 위해 전기 암페어 수도 줄이고 있다고 한다.

"예전 집은 150암페어로 계약되어 있었어요. 에어컨이 4대나 있었는데, 에어컨을 전부 켜고 전자레인지를 사용하고 드라이어를 켜도 차단기가 내려가지 않았죠. 이 집으로 이사 왔을 때는 50암페어였는데 지금은 30암페어로 낮춘 상태고 다음 목표는 15암페어예요. 에어컨 1대가 있지만 15암페어 이하고, 전자레인지도 없고 드라이어도 거의 쓰지 않기 때문에 15암페어로 충분할 것 같아요. 건조기와 냉방장치를 동시에 사용하지 않는 한 차단기가 내려갈 일은 없을 거예요. 조명은 LED라서 서너 개를 동시에 켜도 30와트 밖에 되지 않아 오차 범위 안에 있어요."

물건이나 전력소비뿐 아니라 책도 단사리를 실천했다. 편집자인 나오 씨는 직업상 책을 많이 읽는데, 이사하면서 많던 책을 500권으로 줄였다고 한다.

"2,000권 정도의 장서가 있었어요. 조금씩 줄였는데도 늘 그 정도였기 때문에 이사할 때 기회다 싶어 4분의 1로 줄였죠. 최근에는 전자책도 많지만, 저는 남들에게 책 빌려주는 걸 좋아해요. 읽으면 좋겠다 싶은 건 주기도 하고요. 종이책은 남에게 줄 수 있어서 좋아요. 전자책의 최대 단점은 공유하거나 줄 수 없다는 거죠. 중고로 팔 수도 없고요. 그게 치명적인 부분이라 생각해요. 책을 통한 대화를 시작할 수 없잖아요. 남의 집 책장을 보며 '이 사람 머릿속은 이렇구나!'라든지 '뭐야 이거!'라든지, 그런 생각을 하는 게 즐겁거든요."

집에서 부피를 많이 차지하는 물건 중 하나가 음악 CD인데, 나오 씨는 책과는 달리 CD는 전부 디지털로 소유한다고 한다.

"지금도 어지간히 물건은 줄였습니다만, 완전히 성에 차지는 않아요. 지금의 절반으로 줄이고 싶어요. 책도 더 줄이고. 하지만 아이가 있으니 생각만큼 물건을 줄일 수 없다는 딜레마가 있어요. 마음 같아선 한 번 물건을 확 줄인 다음 비싸더라도 제가 정말 좋아하는 것만 갖추고 살고 싶지만 이사한 지 이제 1년이니까 그 경지에는 이르지 못했어요. 일단 예전부터 갖고 있던 물건을 줄여 정리한 상태예요."

이사를 계기로 단사리를 실천한 나오 씨는 물건이 적으면 청소도 편하고 집도 어질러지지 않는다고 한다. 특히 손님이 왔을 때 편하다고 한다.

"좁은 집은 어질러진 채로 두면 생활에 지장이 많아 저도 모르게 집을 정리하게 돼요. 이전 집에 살 때는 손님이 오면 구석방으로 물건을 전부 옮겼어요. 하지만 손님이 돌아가고 나면 정리했던 방도 어질러져 있잖아요? 결국 어질러진 공간만 넓어지는 거죠. 그걸 정리하려면 꼬박 하루가 걸려요. 예전엔 그런 일이 자주 있었지만 지금은 집이 좁아 2시간 정도면 정리가 끝납니다. 다만 현관에서 바로 생활공간으로 연결되기 때문에 응접실 같은 공간이 없어요. 그래서 데크를 만들었는데, 마음이 상당히 편해졌어요. 집이 어질러져 있을 때 손님이 오더라도 데크에 앉아 차를 마시거나, 이웃사람과 이야기를 나누거나 물건을 주고받기도 하죠. 데크에 앉아 있으면 지나가는 사람이 한두 마디씩 말을 걸거나 해서 친근한 관계가 만들어지기도 해요."

작은 집에는 모든 물건을 둘 공간이 없다. 무엇이 꼭 필요한가? 무엇이 소중한가? 하나하나 선택하고 정리해야한다. 도구가 되는 집이 바뀌면 사람이나 물건과의 관계성도 상당히 바뀌게 된다.

트레일러 하우스를 구입
치바 현에 거주하며 도쿄로 주 2~3회 출퇴근하다

나오 씨가 편집장을 맡고 있는 greenz.jp의 사무실은 도쿄에 있다. 나오 씨가 사는 치바 현 이스미 시는 도쿄에서 약 75㎞ 떨어져 있어 매일 통근하기는 조금 멀다. 나오 씨는 인터넷을 활용해 재택 근무를 적절히 병행하며 일과 사생활을 이어나가고 있다.

"업무상 미팅은 스카이프 같은 비디오 채팅을 사용하는 경우가 많아요. 사무실에 출근하는 날도 정해져 있죠. 월요일은 도쿄에 가는 날, 화요일은 집에 있는 날, 수요일은 상황에 따라 도쿄에 가거나 집에 있기도 하죠. 수요일에 도쿄로 가게 되면 목요일까지 머무른 후 금요일에 집으로 돌아오고, 수요일에 집에 있는 경우는 목요일에 가서 금요일에 돌아옵니다. 전철로 통근하는데, 집에서 차로 10분 정도 걸리는 가즈사 이치노미야 역에서 도쿄로 출퇴근 합니다. 모든 특급열차가 정차하는 역이 이스미에서 제일 가깝거든요. 집에서 1시간 15분 정도면 도쿄 역에 도착합니다. 도심에서 75㎞라고 하면 먼 것 같지만 생각보다 가까워서 통근이 가능해요. 전철에서 일을 할 때도 있고 업무상 책을 읽기도 합니다. 가방에 항상 책을 넣어 다니는데 도중에 한 권을 다 읽으면 시간이 남아 아쉬울 때도 있어요. 좀 더 읽고 싶지만 하는 수 없이 스마트폰을 보기도 하고요."

직종에 따라 이런 업무 스타일이 어려울 수도 있지만 요즘 정부가 텔레워크를 추진하고 있어 원격지에 살면서 할 수 있는 일도 점점 많아지는 것 같다. 살고 싶은 곳이 있는데 직장과 거리가 멀어 단념하는 사람들이 조금씩 줄지 않을까 싶다. 일 이야기가 나왔으니 집에 드는 돈 이야기도 물어보았다. 집 구입비와 광열비는 어느 정도일까?

"트레일러 하우스는 보통 새 차는 800만 엔, 옵션을 넣으면 1,000만 엔 정도하는데, 저는 6년 된 중고차를 480만 엔에 구입했습니다. 새 차의 절반 정도죠. 트레일러 하우스는 차로 취급되기 때문에 오토론을 받았어요. 주택융자에 비해 금리는 몹시 비싼 편인데, 표시 금리로 2.9%예요. 여기에 땅값과 상하수도 공사비, 트레일러 이동, 설치에 드는 비용 등을 다 합쳐 대략 850만 엔 정도 들었습니다. 이스미 시에서 중고 주택을 사는 것과 비슷하지만 새로운 삶의 방식을 실험해보고 싶어 큰맘 먹고 시작했죠."

나오 씨는 큰 집에서 작은 집으로 이사를 할 때, 아내의 반대는 없었을까? 이야기를 들어 보니 등을 떠민 것은 오히려 아내였다고 한다.

응접실을 대신하는 아담한 데크를 만들었더니 매우 편해졌다.

트레일러 하우스라서 견인용 히치 장비가 있다.

현관을 들어서면 바로 오른편, 거실과 그 사이에 있는 부엌. 냉장고는 150리터.

아이가 만든 낚싯대. 낚시하러 나가면 경험이 더욱 풍부해진다.

나오 씨의 트레일러 하우스는

작은 부엌과 거실 하나,

침실 하나,

밖에는 우드데크가 있고

로프트가 딸려있는

10평 집이다.

"제 아내는 변화를 즐기는 스타일이라 반대는 전혀 없었습니다. 오히려 제가 작은 집에 사는 것이 힘들지 않을까 망설였는데, 아내가 우물쭈물 하지 말라며 압박을 하더군요. 좋은 아내를 만나 감사하죠(웃음)."

뜻밖에도 아내의 지지로 결정된 나오 씨의 트레일러 하우스 생활. 거주 공간을 줄이면서 광열비 등 생활비는 크게 줄었다고 한다.

"생활비가 엄청 줄었어요. 연간 20몇 만 엔 정도. 이전에는 한달 전기요금이 1만 5천 엔, 많이 나올 때는 2만 엔 정도였는데 지금은 대략 3~5천 엔 정도예요. (상하수도의 경우) 빗물을 모아 생활용수로 쓸 생각도 했어요. 하수도를 연결하지 않고 사용할 수 있는 바이오 화장실 기술이 있다는 것도 알고 있었지만 지나친 실험정신이다 싶어 상하수도는 연결했어요. 직장에서 멀기 때문에 교통비가 많이 들지 않냐고 묻는데, 저는 장점이 더 많다고 판단하고 있어요."

작은 집에 살면서 생활비가 크게 줄었다는 나오 씨, 집에 드는 세금은 어떨까? 트레일러 하우스는 상하수도나 가스 등 라이프 라인을 연결하지 않고 바로 이동할 수 있는 경우에는 차량으로 취급해 재산세를 내지 않는다. 그 때문에 트레일러 하우스에서 생활하는 사람 가운데 전기는 사용하지 않고, 물은 탱크에 모으고 가스는 봄베로 공급받는 경우도 있다. 나오 씨의 집은 상하수도를 연결했기 때문에 고정자산으로 취급된다.

"저희 집은 라이프 라인을 연결했고 곧바로 이동할 수 없기 때문에 재산세를 내야 한다고 생각해요. 그래서 이스미 시 직원에게 물어 봤더니 '전례가 없어 잘 모르겠으니 조금 기다리라'고 해서 기다리는 상태예요. 트레일러에 해당하는 재산세를 내더라도 집이 지어져 있으면 토지 재산세가 1/6로 감면되기 때문에 지불하는 총액은 크게 변하지 않을 거예요."

작게 살면 세금도 싸진다. 이런 이야기를 들으면 집을 줄여도 좋겠다는 생각이 들지 않는가? 눈에 보이는 장점뿐만 아니라 이주함으로써 얻은 것이 많았다고 나오 씨는 말한다.

지방에서 좀더 자유로워진 가족 관계

나오 씨의 이전 집은 도쿄 도 세타가야 구의 도도로키에 있었다. 그에 비해 지금의 거주지는 전원 풍경에 둘러싸인 한가로운 장소다. 이스미 시로 이사한 나오 씨와 가족의 생활이나 가치관에 변화가 있었을까? 큰 변화는 분위기가 달라진 것이라고 말한다.

"2010년까지 살았던 세타가야는 지금도 정말 좋아하는 곳입니다. 아이가 보육원에 다닐 때 알게 된 엄마 아빠들과는 지금도 잘 지내고 있죠. 다만 땅값이 비싸기 때문에 그곳에 계속 살기는 힘들다고 판단했어요. 평생 임대료를 내며 살거나 35년짜리 대출을 받아 평생 맞벌이를 할까도, 생각했지만 자유로운 모험을 하고 싶어졌어요. 당시에 저는 greenz를 창업한 직후였기 때문에 수입이 없었어요. 둘째 아이가 태어나고 1주일 후에 greenz를 창간했는데, 수입이 가장 적던 시기여서 아내는 위기감 같은 걸 느꼈나봐요. 그래서 둘째를 출산한 후 2개월 만에 직장에 복귀했죠. 그렇게 맞벌이로 살다보니 시간이 없어 아이를 돌보기도 어려웠어요. 아이가 아프기라도 하면 누가 돌볼 것인지를 두고 심하게 다투기도 했죠. 친구들을 보니 대부분 아이가 초등학교에 들어가면 방과 후에는 5시까지 방과

작은 집에는

모든 물건을 둘 공간이 없다.

무엇이 꼭 필요한가?

무엇이 소중한가?

하나하나 선택하고 정리해야한다.

도구가 되는 '집'이 바뀌면

사람이나 물건과의 관계성도

상당히 바뀌게 된다.

아이는 현재 초등학교 5학년과 3학년.
좀더 크면 아이들을 위한 오두막을 증축할 계획이다.

조명은 모두 LED.
이번에 전기 계약을 15암페어로 낮출 예정.

2대였던 에어컨을 1대로. 바람이 시원하게 잘 통한다.

거실에 그늘을 제공하는 것은 호박덩쿨. 씨를 심어 키웠는데 열매도 수확하고 있다.

후 보육에 맡기고 그러고도 시간이 맞지 않아 아이를 학원에 보내더군요. 그리고 밤 9시에 역에서 만나 간신히 집으로 돌아가는 거예요. 저는 그렇게 살고 싶지 않았어요."

도시는 사람이 많은 만큼 흥미로운 일도 많지만 휩쓸리기 쉬운 곳이기도 하다. 그런 환경을 떠난 뒤 아이들에게 변화가 있었을까?

"비교해보지 않아서 뭐라고 말할 수는 없지만 변하지 않았을까요? 아이와 도쿄에 갔을 때 '이 녀석들, 목소리가 굉장히 크구나!'라고 느꼈어요. 시골에서는 항상 온 힘을 다해 외치고 소리 지르고 달리니까요. '도쿄에 가면 조용히 하자'고 타이르곤 해요. 그래도 쿵쾅거리며 걷죠. 집에서는 항상 쿵쾅대며 걸으니까요. 친구네 아파트에 놀러 갈 때면 힘들어요(웃음)."

도시와 다른 환경에서 자라는 탓에 부모로서 마음고생도 있겠지만 도시에서는 맛볼 수 없는 경험을 하고 있는 듯하다.

"먹고 남은 호박씨를 퇴비에 버렸더니 싹이 난 거예요. 그걸 6개 정도 떠서 심었더니 그 중 하나가 자라더군요. 뜰 전체가 그런 식이에요. 씨앗에서 생명이 시작되어 자라고 꽃이 피고 씨앗이 생기고 죽죠. 그리고 다시 씨앗에서 태어나요. 어느 계절에 어떤 꽃이 피는지, 어떤 식물이 건강한지, 그 모든 것이 조화와 순환의 연속입니다. 그것을 날마다 느끼며 산다는 것이 아이에게는 정말 행복이겠다 싶어요. 아이들은 제가 모르는 것을 많이 알아요. '이제 ○○가 필거야.'라고 아이가 알려주었는데 일주일 후에 보니 꽃이 피었더라고요. '이 꽃으로는 이렇게 놀 수 있어'라고 알려주기도 하죠. 학교에서도 논농사 짓기 수업을 해요. 학년마다 다른 과일을 기르기 때문에 식물에 대해서는 저보다 더 잘 아는 것도 있어요. DIY도 다양하게 시험할 수 있는 공간이 있기 때문에 제가 하는 것을 돕기도 해요. 아이들이 어느 날 갑자기 낚싯대를 만들었더군요. 각재를 잘라 송곳으로 구멍을 뚫고 본드를 넣어 철사로 만들었는데 생각보다 잘 만들어서 깜짝 놀랐어요."

나오 씨의 말을 듣다보니 아이는 스스로 자라는 것 같다. 부모가 이것저것 말하지 않아도 주변을 통해 배우고 자라는 힘을 갖고 있는 게 아닐까?

아내와의 관계에도 변화가 있었을까, 궁금해진다. 작은 집에 살면 가족과의 대화가 늘어난다는 말은 들었지만…….

"어느 부부든 마찬가지겠지만 작은 집에 살지 않더라도 사이가 좋을 때가 있는가 하면 싸울 때도 있고 그렇죠. 집이 작으면 둘의 관계가 좋을 때는 즐겁고 나쁠 때는 괴로워요. 그 때문에라도 서재로 쓰는 오두막이 필요하죠. 여차하면 저만 도망갈 수 있는 장소가 있어 아내가 치사하다고 생각하고 있을지도 모르니까, 그때는 다 함께 오두막을 짓자고 제안하려고 해요(웃음). 아내는 좁다고 가끔 투덜대지만, 이 정도 넓이면 부부 두 사람이 살기에는 괜찮아요. 첫째가 초등학교 저학년 때까지는 별 문제 없었는데, 아이가 둘이고 초등학교 5학년과 3학년이라서 슬슬 사춘기가 오잖아요. 그래서 아이들을 위한 오두막을 함께 짓자고 제안할 생각이에요."

땅이 있으니 가능한 제안이겠지만 원하는 것은 만들면 된다는 것이 지방의 매력 중 하나다. 도쿄와의 관계를 유지하면서 도시에서 받은 일을 지방에 살면서 하고, 필요한 것은 직접 만들어 쓰면서 생활력을 길러 간다. 그러다보면 뭔가 어려움이 닥쳐도 스스로 어떻게든 헤쳐나갈 수 있게 된다. 분업화가 진행돼 생활에 필요한 능력과 직업적 능력이 별개인 사회가 되었지만, 사회는 계속 변하고 재해로 도시의 기능이 멈추는 경우도 고려해야 한다. 그런 위험을 생각했을 때 나오 씨 같은 삶의 방식이나 일하는 방식이 오히려 현실을 직시한 선택이라고 할 수 있지 않을까?

'탈 도쿄'를 선택한 이유

인터뷰 하기 전부터 묻고 싶은 것이 있었다. 많은 도시와 마을이 있는데 하필 나오 씨는 이스미 시를 선택했을까? 어떤 식으로 이주 장소를 결정한 것일까?

"도쿄와 비교했을 때 자본주의에 완전히 물들지 않은 곳을 찾았어요. 콘크리트와 자연의 비율을 따져 콘크리트가 아주 적은 곳으로 가고 싶었죠. 흙이 많고, 저녁이면 시원하고 바람이 부는, 녹음을 볼 수 있는 곳. 도쿄에서 이곳까지 전철로 오다보면 도쿄 역에서 치바 시까지 대략 30분 정도는 도시 풍경이 이어집니다. 치바를 지나 급행 정차역을 몇 개 지날 때마다 초록이 조금씩 늘어나다가 이곳 근처 역까지 오면 마침내 콘크리트와 문명의 힘이 뚝 끊기고 자연이 우위를 차지하죠. 이곳은 초록이 풍성한 지역인데, 그 중에서 도쿄와 가장 가까운 장소가 좋겠다 싶었어요."

일하기 쉬운 곳이나 아이를 키우기 좋은 곳이 아니라 '콘크리트가 적은 땅'이라는 가치관에 따라 주거 장소를 결정한 나오 씨. 이스미 시에 살게 된 결정적 요소는 그곳에 사는 사람들의 커뮤니티였던 것 같다.

"또 하나는 자연과 어우러져 사는 사람들이 자신의 생업을 잘 하고 있는 지역인지를 봤어요. 그것은 풍경에서도 드러나죠. 쓰레기 하나 떨어져 있지 않고 논과 밭, 언덕과 산, 연못도 아름다워요. 마지막 이유는 재미있는 사람들이 모여 있는 것이었어요. 이스미 시에는 사진가 에버렛 브라운과 요리연구가 나카지마 데코가 운영하는 브라운즈필드가 있는데, 카페와 숙박을 할 수 있는 시설이에요. 그곳이 다양한 사람들을 끌어 들이죠. 지금은 이사를 가고 없지만 당시에는 '타르마리'라는 빵집이 있었어요. 제 생각에는 일본에서 세 손가락 안에 꼽힐 정도로 맛있었어요. 걸어서 맛있는 빵을 살 수 있다는 것도 좋았어요. 어떤 의미에서 도쿄보다 흥미진진하고 창조적인 사람들이 많아 재미있는 관계를 맺을 수 있죠. 그런 이유로 이곳을 선택했어요.

물론 그전에 나리타와 오쿠타마, 즈시 방면까지 여러 곳을 돌아봤어요. 옛날에 도치기에서 산 적이 있어 그 쪽도 알아봤죠. 그러다 인연이 닿아 이스미 시 숲 속에 있는 큰 통나무집을 빌리게 되었어요. 주말이면 그곳으로 놀러갔고 그러던 중 이 지역에 창조적으로 살기 위해 모여든 사람들이 많다는 것을 알게 되었죠. 영상작가, 컴퓨터 그래픽 전문가, 포토 그래퍼, 웹 관련 일을 하는 사람들이 많이 살고 있었어요. 여러 곳을 둘러봤지만 이스미 시가 제일 좋다고 아내와 의견 일치를 봤죠. 처음에는 통나무집을 소개해 준 부동산 중개인에게 강가의 집을 빌려 도쿄에서 이사를 왔어요. 그곳에 4년 정도 살다가 지금의 트레일러 하우스로 이사한 거죠."

그렇게 해서 트레일러 하우스에 산 지 1년 남짓 지난 후 우드데크를 만들고 서재 오두막을 짓는 등 착실히 자기 삶을 만들어가고 있는 나오 씨는 지금 하고 싶은 것이 있다고 한다.

닭을 키우며
'순환'과 '공유'를 배우고 싶어

나오 씨가 해 보고 싶은 것은 닭을 기르는 것. 새삼스레 '웬 닭인가?'라고 생각하겠지만 거기에는 이유가 있다.

"사실은 아이가 닭을 기르고 싶다고 조르고 있어요. 닭을 기르면 여러 가지 장점이 있죠. 우선 음식 찌꺼기를 처리할 수 있어요. 달걀도 얻을 수 있고요. 음식 찌꺼기를 소각장으로 운반해 화석연료로 태우지 않고 그것이 달걀로 바뀌는 거죠. 달걀을 인간이 먹고 음식 찌꺼기는 닭이 먹어요. 닭은 살아 있는 생명, 말하자면 아이에게는 선생님 같은 존재예요. 병아리가 태어나고 자라고 결국엔 죽는다는 것을 지켜보는 건 엄청난 공부가 되죠. 닭은 어린 풀을 뜯기 때문에 마당에 풀어두면 잡초를 뽑고 땅을 파헤치기 때문에 흙이 부드러워지고 닭똥 덕분에 비옥해져요."

나오 씨 집의 뜰에는 여기저기에 식물이 자라고 있다. 닭은 밭을 비옥하게 하고 음식 찌꺼기를 처리해 달걀로도 바꿔준다. 닭은 자연의 순환 과정에서 사람의 행위를 흙으로 되돌려주는 심부름꾼 역할을 한다. 그 뿐만 아니라 닭은 사람과 사람을, 지구와 사람을 잇는 역할도 담당한다. "우리와 지구의 순환이 이어지는 거죠."라고 나오 씨는 말한다.

"암탉만 기르면 아침에 울지 않기 때문에 도시에서도 닭을 기를 수 있어요. '셰어 치킨'이라는 방식도 있는데, 혼자서 기르다보면 집을 비울 때 곤란하잖아요. 그때는 다섯 집이 10마리를 공유해 한 가족 당 2마리를 기르는 거예요. 요일별로 다른 가족이 먹이를 주고 달걀을 걷고 교대로 돌

“자연 소재를 이용한 단열재나
초록 커튼, 온실 등을 활용해
냉난방이 거의 필요 없는 집으로
만들어 살 수 있다면
생활비도 줄고 여유가 생기겠죠.
아득바득 일하지 않아도 살아갈 수 있고
정말 하고 싶은 일을 할 수 있어요.”

봐요. 사정이 안 되는 날은 다른 가족과 대체할 수 있어 여행도 갈 수 있죠. 그렇게 닭을 통해 이웃 사이가 좋아져요. 사육방법에 대한 워크숍도 함께 하면 같은 방식으로 기르고 싶어 하는 사람에게 참고가 되고, 인원수가 모이면 닭장 만드는 사람을 강사로 초빙할 수도 있죠. 그렇게 사람들끼리 유대가 맺어져요."

사람들과의 유대를 이야기하는 나오 씨는 지역 주민들이 돈독한 관계를 맺는 에코 빌리지 건설을 구상하고 있는 것 같다.

"이곳이 나중에 집 단위로 연결된 빌리지가 됐으면 좋겠어요. 빗물을 모아 식수로 사용하고 퇴비 화장실을 만들어 좋은 흙으로 과실수를 키우는 생활도 하고 에너지도 어느 정도 자급하고 싶어요. 장작난로도 집에 설치해볼까 하는데, 커뮤니티 중에 산에 가서 장작을 자급하는 그룹이 있어서 저도 참여하고 있어요. 자연 소재를 이용한 단열재나 초록 커튼, 온실 등을 활용해 냉난방이 거의 필요 없는 집으로 만들어 살 수 있다면 생활비도 줄고 여유가 생기겠죠. 아득바득 일하지 않아도 살아갈 수 있고 정말 하고 싶은 일을 할 수 있어요. 워크숍을 통해 그런 생활을 공유하면서 주변 사람들과 네트워크를 만들어간다면 경제위기가 와도 이 지역은 만사 OK, 그렇게 자급자족할 수 있는 커뮤니티가 되었으면 좋겠어요. 그런 삶을 배우고 싶은 사람이 언제든 올 수 있는 곳이 되면 좋겠고, 아이가 있으면 함께 돌봐주고 지역 통화를 이용해 필요 없는 물건을 지역 주민들끼리 순환시키는 등 아이디어가 많은데 조금씩 구체화시키고 싶어요."

나오 씨는 자신이나 가족뿐만 아니라 그들과 연결된 지역의 모습을 그리고 있었다. 삶이란 혼자서 이룰 수 있는 것이 아니다. 우리 집 옆에는 다른 집에 사는 사람이 있고, 지역은 이웃에서 이웃으로 자연스럽게 관계를 맺으며 이루어진다. 자신이 꿈꾸는 삶의 방식을 실천하기 위해 이웃, 나아가 지역과 연결되는 것. 나오 씨의 이야기를 듣고 있으면 그것은 멀리 돌아가는 것 같지만 오히려 지름길인지도 모르겠다. 이스미 시에서 산 지 5년 남짓 된 나오 씨의 생활은 앞으로 어떻게 변화할까? 5년 후 혹은 10년 후가 궁금해진다.

제2장

트레일러 하우스에서 냉장고 에어컨 없이 미니멀라이프

마스무라 에리코 : 나가노 현 스와 군 거주. 프리랜서 겸 에디터로 활동하며 편집 업무와 목공 일을 병행하고 있다.

나가노 현 스와 군 후지미마치의 트레일러 하우스에 사는 프리랜서 에디터 겸 작가인 마스무라 에리코 씨. 도쿄 신주쿠 구 가구라자카에서 살다가 작년에 나가노 현으로 이주해 현재는 야쓰가타케 산기슭의 임대 트레일러 하우스에서 살고 있다.

마스무라 씨는 트레일러 하우스를 직접 보수하고 최소한의 물건으로 생활하는 파워풀하고 창의적인 사람이다. 스위치 하나면 많은 일이 해결되는 도시 생활에 익숙한 우리들에게 그녀의 생활은 매우 신선하게 다가왔다.

마스무라 씨를 나가노 현 치노 시에서 개최된 '오두막 페스티벌' 기간 중에 만났다. 오두막 페스티벌은 주식회사 SuMiKa가 주최하는 피서지에서 오두막을 순회하는 여름 페스티벌이다. 야쓰가타케(나가노현 스와지역과 사쿠지역의 높은 산들을 일컬음)와 일본 알프스 산들이 보이는 휴양지에서 하루 한 동씩 오두막을 짓는 워크숍이 열리는 가운데 라이브 음악이 연주되고 현지의 맛있는 음식도 소개하는 이벤트이다. 모두 16동의 오두막이 지어졌는데, 야도카리가 크라우드 펀딩으로 자금을 모아 만든 타이니 하우스 INSPIRATION도 전시되었다.

오두막 페스티벌에서 하루 한 동의 오두막 짓기 워크숍에 참여한 마스무라 씨는 어려운 공정도 척척 소화해낸다고 하기에 우리는 그녀가 아주 적극적이고 씩씩한 사람일거라 상상했다. 그러나 약속 장소에 나타난 마스무라 씨는 자그마한 몸집에 부드럽고 온화한 표정으로 우리의 상상과는 많이 달랐다.

도쿄에서 나가노로 이주
월 1만엔에 트레일러 하우스를 빌리다

마스무라 씨가 사는 나가노 현 스와 군 후지미마치는 옛날부터 결핵환자의 요양지로 유명할 만큼 공기가 맑아 펜션이나 별장이 많다. 야쓰가타케와 산들이 장관을 이루는 가운데 계단식 논이 펼쳐져 있는 한가로운 곳이다. 그곳에서 마스무라 씨는 배우자와 자녀, 개 한 마리, 고양이 두 마리와 함께 살고 있다.

프리랜서 에디터 겸 작가인 마스무라 씨는 나가노 현으로 이사한 후에도 스카이프 등을 활용해 온라인 회의를 진행하는 등 도쿄에서 받은 일을 자택에서 처리하고 있었다. 주 3일 정도는 편집과 글쓰기 업무를 하고 주 2일은 목수일을 한다. 보통 평일 9시부터 18시까지는 편집 업무를 하는데, 기분이 내키면 집을 직접 보수하거나 정원 일을 하기도 한다.

"도쿄와 나가노 생활에서 가장 다른 점은 생활비에요. 도쿄 가구라자카 임대 아파트에 살 때 집세가 2LDK에 20만 엔 정도였는데 지금의 트레일러 하우스 집세는 1만 엔이에요. 게다가 가전제품은 조명과 세탁기밖에 없어 전기요금은 1,000엔대, 가스는 3,000엔대(+수도는 2개월에 2000엔 정도). 매달 내는 광열비는 5,000엔대입니다. 수입이 아예 없으면 살 수 없겠지만 적게 벌어도 '어떻게든 되겠지'라고 생각할 수 있어 굉장히 편해졌어요."

도시를 떠나면 1만 엔짜리 월세는 드물지 않게 찾을 수 있다. 간혹 지역민과 친해지고 신뢰를 얻으면 집세 없이 집을 빌리는 경우도 있다. 최근 문제가 되는 워커홀릭이나 과로사의 원인 중 하나는 도시의 집세가 비싸기 때문이라고 생각한다. 주거비와 생활비가 많이 드니 일에만 파묻혀 살 수밖에 없다. 지방에 살더라도 생활비는 들지만 집세 부담이 줄면 '억척스럽게 일하지 않으면 안 된다'는 고정관념에서 벗어날 수 있지 않을까?

물건 정리에서 시작된 '생활'과 '일'의 변화

지금의 마스무라 씨 일상은 일과 생활이 자연스럽게 균형 잡혀 있는 듯하다. 하지만 예전에 일만 하던 시기도 있었다고 한다.

"웹 제작사에 다니던 20대 때는 매일 새벽 서너 시에 퇴근하는 게 당연하다고 생각했어요. 회사에서 의자를 붙여놓고 잘 때도 있었고, 집에 돌아와 쪽잠을 잔 후 다시 출근하는 날들이었죠. 토요일과 일요일도 출근했고

"도쿄 가구라자카 임대 아파트에 살 때

집세가 2LDK에 20만 엔 정도였는데

나가노의 트레일러 하우스 집세는 1만 엔이에요.

게다가 가전제품은 조명과 세탁기 밖에 없어

전기요금은 1,000엔대,

가스는 3,000엔대(+수도는 2개월에 2000엔 정도).

매달 내는 광열비는 5,000엔대입니다."

집은 잠만 자는 곳이었어요. 식사는 거의 외식이었고요. 일은 보람 있었지만 어딘가 채워지지 않는 기분이었어요. 차츰 생활을 바로잡아야겠다는 생각을 하게 되었죠."

마스무라 씨는 '생활을 과감히 바꾸자'고 생각하고 28세 무렵에 신축 아파트를 구입했다.

"아파트를 살 때 보통 출퇴근이 쉬운 역세권을 고려하기 마련이지만 회사 위치에 얽매이지 않고 정말 살고 싶은 곳에서 살아 보자고 마음먹었어요. 피아노와 애완동물을 키울 수 있는 집을 임대로 찾았지만 구하기 쉽지 않았고, 이참에 새출발 하는 것도 좋겠다 싶어 3LDK의 신축 아파트를 35년 대출로 덜컥 사버렸어요. 회사에서 약간 먼 곳이었는데, 택시요금이 7,000엔 정도 나오는 거리였어요. 결국 막차를 꼭 타야하는 곳에 집을 산 것은 잘 한 것 같아요."

일은 변함없이 고단했지만 아파트를 산 이후로 '밥을 제대로 차려먹자', '입지 않는 옷과 필요 없는 물건은 버리자'는 식으로 생활을 조금씩 바꿔 나갔다.

"물건을 정리하다보니 물건 없는 생활이 즐거워졌어요. 물건이 많을 때는 모르지만 물건이 적으면 가진 것에서 어떻게든 궁리를 해서 쓰게 되거든요. 최종적으로 속옷은 2세트, 셔츠 2장, 반팔 T셔츠 2장, 구두는 장화와 행사용 구두를 포함해 4켤레만 남을 때까지 철저하게 물건을 정리했어요."

그런 식으로 생활을 변화시켜 가던 마스무라 씨는 일도 바꾸게 되었다.

"그 후 직장을 옮겨 광고제작 업무를 맡았는데, 광고를 만드는 일이 소비를 늘리는 일처럼 느껴졌어요. 나는 정작 소비하지 않는 삶을 추구하며 조금씩 변하는데 진심으로 갖고 싶은 생각이 들지 않는 물건이나 서비스를 홍보한다는 것에 모순을 느꼈고 심리적으로 갈등이 생겼어요. 생활은 다운사이징했지만 일은 어떻게 다운사이징해야 하는지 몰랐죠."

그 후 마스무라 씨는 첫째 아이를 출산했다. 육아휴직 후 복직하려고 하자 인사과에서 "육아를 생각하면 제작 일선에 복귀하기는 힘들겠지?"라는 의향을 내비쳤다. 아이가 있다는 이유만으로 일선에서 일할 수 없게 되었고 근무시간 단축제도를 이용하니 급여가 몇 십 프로나 줄어들었다. 아이를 낳으면 업무능력이 떨어지는 것처럼 평가받는 것에 큰 실망감을 느낀 마스무라 씨는 회사가 아니라 자신과 사회를 위해 일하겠다는 마음으로 프리랜서의 길에 나섰다.

생활에 필요한 것을 직접 만들어 가는 '그랜드라인'과의 만남

도쿄에서 프리랜서 에디터 겸 작가로 일하다가 2014년 연말에 나가노 현 스와 군으로 이주했다. 공간 제작 유니트 '그랜드라인'과의 만남이 계기가 되었다. 나가노 현 스와 군 후지미마치에 거점을 둔 그랜드라인은 주택이나 창고, 공장 등에 사용되던 고재들을 활용해 자재의 느낌을 살려 건물과 토지가 구축해온 역사와 풍토 위에 사람들과 잘 어울리는 공간과 가구를 만든다.

"그들은 대부분의 자재를 민가의 고재에서 찾거나 건물 해체작업이 있다는 소식을 들으면 찾아가 얻어 옵니다. 쓸모가 없어진 이른바 폐자재 중에서 괜찮은 것을 골라내죠. 그리고 그런 자재를 활용해 만든 공간에는 오랜 세월 만들어 왔을 원시적 요소와 보편적 예술 요소가 분명 공존합니다. 단순히 고재를 활용하는 데 그치지 않고 다음 시대가 요구하는 문화를 눈앞에서 지금 체현하는 것이죠."

편집 일을 통해 그들과 알게 된 마스무라 씨는 그 일에서 대량생산 대량소비 사회에 대한 카운터컬처(counter-culture, 대항문화 - 옮긴이)로서의 '살기 위한 리터러시(literacy)'를 감지했다고 한다.

"편집자로서도 원하는 미래를 스스로 만드는 아이디어를 찾고 있었어요. 파머컬처에 그 답이 있을까? 아니면 자가발전 등의 오프그리드(off-grid, 수로와 전기 시설 등이 설치되어 있지 않은 상태)한 생활에 있을까? 작은 집을 짓고 물건을 소유하지 않는 생활에 있을까? 물론 하나로 단정할 순 없지만, 여러 방향성을 찾던 중에서 그랜드라인이 만들어 내는 세계를 만나자 '이거다!'라고 느꼈어요. 그래서 공간이나 가구 등의 물건 제작뿐만 아니라 지역민들과 유대를 이루며 함께 모일 수 있는 장소를 만들고, 마을 어른들을 존경하면서 모든 세대와 어울려 경쟁하지 않는 사회, 기존 시스템으로부터 독립된 삶을 만들려고 해요. 모두가 이런 생활을 할 수 있다면 지금 우리가 안고 있는 많은 사회적 과제가 해결되지 않을까요."

리터러시란 원래 읽고 쓰는 능력을 말한다. 주어진 재료에서 필요한 정보를 끄집어내 활용하는 능력이나 응용력을 의미하던 것인데, 읽고 쓰기뿐만 아니라 무엇인가를 알고 응용하는 폭넓은 기술이나 능력을 가리키는 뜻으로 쓰인다.

최근 문제가 되는 워커홀릭이나

과로사의 원인 중 하나는

도시의 집세가 비싸기 때문이라고 생각한다.

주거비와 생활비가 많이 드니

일에만 파묻혀 살 수밖에 없다.

현대 사회는 불을 피우는 기술도, 집짓는 기술도, 음식을 얻기 위해 동물을 사냥하는 기술도 필요 없다. 누군가가 우리 생활에 필요한 일을 대행해 주기 때문이다. 하지만 살기 위해 필요한 모든 것이 준비되어 있고 상품과 서비스를 살 수 있는 사회를 얻은 대신 생존에 필요한 리터러시를 잃어가고 있는 것이 아닐까? 마스무라 씨는 직접 자신의 생활을 만들어 가는 그랜드라인의 삶의 방식에 강렬한 매력을 느꼈다.

"일 때문에 지방을 다니면서 도쿄가 비정상이 아닌가 하는 생각이 들었어요. 언젠가 이주를 해야겠다고 마음먹었죠. 아는 사람이 세 가족 정도 있으면 이주할 수 있겠다는 것이 평소 생각이었는데 도시 근교는 의외로 집세가 비싸더군요. 그러던 중 고부치자와와 스와 사이에 있는 후지미마치 지역을 알게 됐고 이곳에 반하게 된거죠. 그랜드라인 멤버도 후지미마치에 사는데 그들이 나서서 빈 집을 직접 수선하는 조건으로 임대를 알아봐줬어요. 부동산 시장에 유통되지 않는 물건을 발품을 팔아 찾아낸 거죠."

도시에 비해 임대물건이 적은 지방에서 살 집을 찾을 때 그랜드라인 멤버가 도와주었다고 한다.

"이주해서 작은 집에 살고 싶다고 상담하면 빈 트레일러 하우스가 있는지 알려 줘요. 그 지역에 친구가 있으면 빈 집을 찾는데 도움을 받을 수 있고, 친구가 없다 해도 특급 전철이 서고 임대물건이 많은 지역에 임시 거처를 정한 뒤 그 지역을 알아가면서 살고 싶은 마을을 찾거나 빈 집을 찾을 수도 있어요. 2단계를 거치는 것이 힘들지도 모르지만 도시를 떠나면 새롭게 알게 되는 게 많아져요. 이주하고 싶은 마음과 실천력만 있으면 언제든 이주할 수 있어요.”

인구가 적은 지방은 부동산이 취급하는 물건도 적기 때문에 집주인과 직접 교섭할 필요가 있다. 이주할 곳에 집을 구하기 어려울 경우에는 직접 찾아가 그 지역에 사는 사람과 친구가 되라. 지역민을 통해 임대 교섭을 하면 성사되는 경우가 많을 것이다.

15평 트레일러 하우스에서 큰맘 먹고 냉장고 없는 생활을 시작

마스무라 씨가 사는 트레일러 하우스는 거실을 증축해서 15평 정도 넓이다. 전기, 가스, 수도 같은 라이프 라인은 연결되어 있지만 원래 가전제품을 좋아하지 않는다는 마스무라 씨 집에는 텔레비전은 물론이고 냉장고와 에어컨, 선풍기도 없다. 여름에는 창을 활짝 열어 바람을 실내로 끌어들이고 겨울에는 장작 난로로 온기를 유지하고 있다. 빗자루와 쓰레받기, 걸레를 사용해 청소를 하는데 집이 작기 때문에 시간은 별로 걸리지 않는다고 한다.

“큰맘 먹고 냉장고를 쓰지 않기로 했는데, 힘들었던 적은 한 번도 없어요. 저녁에 장을 보러 가서 그 날 저녁과 이튿날 아침 식재료를 마련하죠. 생선은 하룻밤 정도는 괜찮고 야채는 젖은 종이에 싸 두면 실온에서도 보관할 수 있어요. 된장은 원래 발효식품이고, 우유나 버터는 기호품이라 필요할 때 조금씩 산답니다. 게다가 밤마다 들리던 냉장고 돌아가는 소리가 사라지니 마음 편하고 조용한 시간을 보낼 수 있죠.”

외관은 단독주택처럼 보이지만 이동할 수 있는 트레일러 하우스.

마스무라 씨는 물건을 줄이는 한편

생활에 필요한 것을 스스로 만들고 있다.

그중 하나가 집을 보수하는 것이다.

2층으로 이어지는 계단의 난간은 거추장스러워 없애버렸다.

청소는 모두 쓰레받기와 빗자루로. 집이 작아 이것으로 충분하다.

집수리를 위한 목공 도구는 생활필수품이다.

물건을 줄이더라도 무미건조한 생활은 하고 싶지 않다.

생활 도구는 최소한으로 필요한 것만 고집하며, 새로 사기보다 얻은 물건을 수리해 사용한다.

"저는 물건을 선택할 때 몇 가지 용도로 사용할 수 있는 것을 골라요. 한 가지 용도로만 쓰이는 것은 거의 선택하지 않죠. 졸업앨범도 과감히 버렸어요. 지금은 페이스북도 있고, 친한 이들과는 연락이 닿고, 얼굴과 이름을 기억하거든요. 메시지가 적힌 페이지는 사진으로 남겨뒀어요. 반면 어머니와 할머니로부터 물려받은 보석류는 지니고 있는데, 언젠가 딸에게 물려주고 싶어요. 작은 집이니 좀더 생활을 줄이고 심플하게 살고 싶어요. 물건의 양만 줄이는 것이 아니라 소비하는 에너지량도 줄이고 싶어요."

마스무라 씨는 물건을 줄이는 한편 생활에 필요한 것을 스스로 만들고 있다. 그 중 하나가 집을 보수하는 것이다. 마스무라 씨가 사는 트레일러 하우스는 임대할 당시 구멍이 나있는 곳도 있었고 인테리어도 취향에 맞지 않아 손을 볼 필요가 있었다. 그래서 쓸 수 있는 가구와 벽은 남기고 나머지는 제거했다. 기울어진 경사를 잡기 위해 트레일러 하우스를 잭으로 들어올렸고, 가끔씩은 종종 그랜드라인 멤버의 손을 빌려가며 작업을 하나씩 진행해 나갔다.

"생활에 필요한 모든 것을 직접 만들고 싶어요. 쌀이나 채소는 물론이고 된장이나 간장, 두부, 잼 같은 식재료도 직접 만들고 목화를 길러서 실을 자아 옷도 만들거예요. 지금은 할 수 있는 것부터 조금씩 하고 있지만 수작업의 폭을 넓혀가고 싶어요."

마스무라 씨는 나가노로 이주하면서 육아가 편해졌다고 말한다.

"이사한 후로 4살 된 딸은 놀이법이 바뀌었어요. 제가 풀을 베고 있으면 나무 막대기를 가져와 풀 베는 흉내를 내고, 원형 톱으로 나무를 자르고 있으면 물끄러미 보고 있다가 잘린 토막을 옮겨 준답니다. 식사 준비도 심부름도 그대로 놀이가 되지요. 어른이 되면 목수가 되고 싶다고 하기에 아이의 손에 맞는 중고 목공 도구를 사놨어요."

아이가 다니는 보육원에는 넓은 정원과 밭이 있는데, 밭에서 함께 수확한 야채로 점심 메뉴를 만들고, 자연을 무대로 지내다 보니 때로는 진흙투성이가 되기도 하고 벌레를 잡거나 도토리를 주우면서 구김살 없이 노는 것 같다.

주말에는 마을 주민이 모두 모여 도로가의 풀을 베기도 한다. 벼 수확기에 일손을 거들면 쌀을 주기도 하고, 다 먹지 못할 정도로 많은 채소를 나눠주기도 해서 지역 안에서 살고 있다는 것을 실감한다고 한다.

"저희 부모님 연배의 이웃과 가족끼리 한 잔 하러 가기도 해요. 땅을 찾는다고 말하면 어디 땅은 누가 주인이고, 얼마 정도라고 알려줘요. 내가 빌려줄 테니 쓰라고 말하기도 하죠. 밤을 줍고 싶다고 말하면 가는 김에 조개까지 잡을 수 있는 곳이 있다고 가르쳐 주고, 맛있는 초밥집을 물으면 다음에 함께 가자고 해요. 채소를 얻으면 다른 사람한테서 얻은 채소까지 얹어 다시 나눠준답니다. 이곳에서는 흔히 있는 일이죠."

운동회나 축제 같은 지역행사가 많아서 자연스럽게 유대 관계를 맺으며 함께 마을을 만들어 간다. 그런 생활이 이곳에는 있는 듯하다.

일은 온라인 회의로
한달에 2~3번 도쿄 출장

그렇다면 마스무라 씨는 나가노로 이주 후, 일은 어떻게 하고 있을까?

"기본적으로는 이주하기 전의 일을 그대로 하고 있어요. 한 달에 2~3번 꼴로 도쿄에 출장을 가고 나머지는 스카이프 등을 이용해 온라인 회의를 해요. 브레인 스토밍은 출장 갔을 때 함께 하고, 진행 사항 보고는 온라인 회의로 충분하죠. 도쿄로 오가는 교통비와 시간이 소요되므로 한달 수입은 예전처럼 유지하려고 애쓰고 있어요. 직종에 따라 다르겠지만 제 경우에는 이주했다고 수입이 줄어들지는 않았어요. 일하는 시간은 줄어들었으니 생산성은 두배가 된 셈이죠. 흔히 지방으로 이주가 '낙향'이라는 이미지가 있을지도 모르지만 오히려 반대라고 생각해요. 편집 일을 하면서 반걸음 혹은 한걸음 앞서 가는 실천가들을 뒤쫓으며 살아왔는데, 저 자신도 실천가 쪽에 설 수 있게 되었거든요. 그 덕분에 일의 폭과 질에도 변화가 생긴 것 같아요."

그렇다면 최신 동향을 파악하는 등 창조적인 일에 필요한 자극은 어떻게 받고 있을까?

"저에게는 삶을 만드는 일이 가장 창조적이고 즐거운 일이에요. 도쿄는 사람이 많아서 항상 새로운 사건들이 많이 생기죠. 그런데 지방에도 새로운 만남의 기회가 많고 정말 재미있는 사람도 많아요. 제가 원하는 자극이 이곳에 더 많아요. 재미있게 느끼는 포인트도 변하고 있는 것 같고요. 식물을 예로 들자면 지표면의 화려한 부분이 아니라 땅 속의 뿌리 길이나 굵기 쪽으로 흥미가 옮아가요. 예컨대 억새 공예를 하는 친구가 자신의 손으로 만드는 세계, 빵을 굽는 친구가 손으로 만드는 세계. 회사나 조직에 매이지 않고 창의적으로 연구해 스스로 무언가를 창조하고 만들어 가는 모습이 얼마나 자극이 되는지 말하자면 끝이 없어요."

도시의 일거리를 지방에서 소화하는 이른바 '리모트 워크'라 불리는 업무방식이 가능한 직종도 점차 확장되는 듯하다. 지금은 도쿄나 오사카 같은 대도시에 인구가 집중되어 있지만 일하는 장소에 구애받지 않는 사회가 확실히 다가오고 있는 것 같다.

"저는 이주를 선택했지만 꼭 이주가 아니어도 좋아요. 고향이라 할 만한 장소가 여러 곳에 있어도 좋을 것 같아요. 가령 지방이나 도시에서 여름 동안만 살거나, 몇 년 동안이라는 기간을 한정해도 좋고, 1년마다 생활의 거점을 바꿔도 괜찮아요. 자신에게 고향이라고 할 만한 곳이 몇 군데 있다는 건 즐거운 일이죠. 그만큼 좋은 유대관계가 늘어난다는 말이니까요. 지방을 두 군데 선택해 계절이나 일하는 방식에 따라 오가며 살 수 있는 그런 자유로운 시대가 이미 시작되었다고 생각해요."

저가 항공사의 등장과 대중교통의 발달로 이동 시간이나 비용이 계속 줄어드는 지금, 평일에는 도쿄에서 일하고 주말은 오키나와 집에서 보내는 삶의 방식도 가능하다. 지방에 이주한다고 해서 반드시 그 지역에 뼈를 묻을 필요는 없다.

사는 방식도 일하는 방식도 자유롭게 선택하자

자신이 원하는 생활에 조금씩 다가가고 있는 마스무라 씨. 마지막으로 자신이 바라는 생활을 유지하는 비결을 물어 보았다.

"제 경우에는 편집이라는 일이 계기를 만들어 주었는데, 관심 있는 사람이나 관심 지역이 있으면 찾아가보고 이야기를 들어보는 게 좋아요. 앞으로 어떻게 될지 몰라도 뛰어들어 보는 거죠. 머리로 생각하지 말고 '이곳이다' 싶으면 행동해보세요. 해봐야 비로소 알게 되는 것들이 있답니다. 그런 반복만이 자신의 미래를 만들 수 있어요. 예컨대 트레일러 하우스에 살아 보니 생각보다 좁지 않더라고요. 집을 소유하는 데 수천만 엔이나 쓸 필요는 없지 않을까요? 저의 삶의 방식을 보고 '레일에서 발을 헛디뎠다'고 생각하는 분도 있는 것 같은데, 오히려 발을 헛디뎌서 다행이라고 생각해요. 레일 위를 달린다는 안정감은 망상에 가깝고, 사실은 자기도 모르는 사이에 그 궤도에 얽매여 자유를 잃게 되죠. 이제는 '많이 벌지 않아도 어떻게든 되겠지.'라는 마음이 생기고 일 이외의 시간이 늘어난 것만으로도 홀가분해져 이제는 내 몸에 맞는 옷을 입고 있다는 느낌이 들어요. 실험적인 생활을 하기 좋은 사회가 되어가고 있으니 정말 소중히 여기고 싶은 것들을 소중히 하면 된다고 생각해요. 그리고 조금 더 모험을 해야 해요. 재미있다는 생각이 들면 재미있는 쪽으로 가면 되잖아요? 자신의 마음에 솔직해져서 한 걸음을 내딛는다면 이미 눈앞에 이상적인 삶이 있을 거예요."

삶이란 어떻게 만들어 가는 것일까?

사는 방법도 일하는 방법도 좀 더 자유롭게 선택하면 된다. 자유 획득의 여부는 자신의 직감을 믿고 뛰어드는 순발력과 실천력에 달려 있는지도 모른다.

제3장

전통공법으로 3평 집을 짓다

우치다 야스요 : 미야자키 현 미야자키 시 거주. 직접 설계한 '육첩헌'은 일본 전통공법으로 건강하게 지은 집.

우치다 야스요 씨가 사는 미야자키 시를 방문한 것은 추석 무렵이었다. 태풍이 올까 말까한 미묘한 타이밍이라 악천후를 걱정했지만 태풍도 비켜가서 무사히 하네다 공항을 출발했다. '야도카리' 이름으로 가는 첫 출장이었다. 대표인 사와다와 2명의 멤버는 마치 소풍 가는 아이들처럼 눈을 반짝이며 들떠 있었다.

미야자키 시에 도착하니 구름도 별로 없는 쾌청한 날씨가 우리를 반겼다. 새파랗게 기분 좋고 넓은 하늘을 위로 하고 취재처인 우치다 씨 집을 향해 야자나무가 늘어선 길을 렌트카로 달리기 시작했다. 우치다 씨는 일본의 옛날 전통공법으로 지은 약 3평짜리 집에서 살고 있다.

야도카리에서 운영하는 웹 매체 '미래거주방법회의'에서 해외 사례를 중심으로 수많은 작은 집을 소개하고 있고, 약 4평(13평방미터) 정도의 타이니 하우스를 판매하고 있지만 일본 국내 사례는 보기 드문 편이다. 완전한 무에서 지어진 타이니 하우스를 직접 볼 기회이니 멤버들의 기대가

켰다.

작은 집은 좁은 공간에서 쾌적하게 살기 위한 아이디어들로 가득해 개성 강한 공간이 많다. 이번 집에는 어떤 아이디어가 담겨 있을까? 빨리 보고 싶은 마음을 억누르며 차를 몰았다.

6첩 다다미 넓이의 작은 집 '육첩헌'을 짓다

우치다 씨는 미야자키 현 미야자키 시에서 남편과 함께 리폼이나 내장 공사를 하는 '인테리어 우치다'의 대표로, 2급 건축가 자격을 가진 47세 여성이다.

우리들의 단순한 선입견인지 모르지만 자신의 삶이나 일을 즐기는 사람들은 젊어 보이고 나이를 가늠하기 어려운 경우가 많은데, 우치다 씨도 매일을 즐겁게 보내고 있는지 피부에 윤기가 나면서 젊어 보이고 표정도 밝았다. 두 명의 자녀가 있는데 이미 27세와 28세의 사회인이다. 우치다 씨는 사무소 겸 주거로 쓰던 본인 소유의 집 부지 안에 3평 집을 짓고 2014년 1월부터 그곳에서 생활하고 있다.

전통공법으로 지어진 곳간 같은 작은 집은 회반죽 벽에 푸른 기와를 얹었는데, 정확히 다다미 6첩 넓이라 '육첩헌'이라 부른다.(1첩은 90cm×180cm, 약 0.5평 크기에 해당한다. - 옮긴이)

머리말에서 소개한 것처럼 타이니 하우스의 '타이니(Tiny)'는 영어로 '아주 작다'는 의미로 타이니 하우스는 말 그대로 '작은 집'을 뜻한다.

넓이가 약 10평방미터인 우치다 씨의 집도 타이니 하우스 운동의 일환으로 지어졌다. 타이니 하우스의 발상지는 미국으로, 리먼 쇼크를 겪고 서브프라임 론 문제가 심각해진 2009년경부터 미국 전역에서 동시 다발적으로 그 움직임이 시작되어 서서히 확산되었다.

원래 대량 소비사회의 대항문화로 탄생한 타이니 하우스는 보다 저렴하고, 보다 간편하게 자신의 라이프 스타일에 맞춘 집으로 설계되었다. 그래서 1주일 정도면 지을 수 있는 간소한 것에서부터 내장과 디자인에 공들인 것, 차로 견인해 이동할 수 있는 것 등 하나하나가 개성적이다. 건조 방법도 공장에서 조립해 옮기는가 하면 거의 모든 부분을 스스로 만드는 것도 있다.

대부분 3평 정도로, 200~300만 엔이면 소유할 수 있다는 점이 특징이다. 근래에는 일본에서도 확산되고 있어 별장이나 서재, 작업실부터 살림집까지 다양한 요구를 충족하는 작은 집이 지어지고 있다.

우치다 씨의 집에는 현관 대신 0.5평 정도의 작은 툇마루가 있다. 창고에서 쓰던 목제 미닫이를 현관문으로 달았는데 그것을 열면 1.5평 정도의 거실이 나온다. 거실 천장은 4미터 정도의 오픈 공간으로 높게 만들었다.

현관에서 볼 때 오른쪽에는 0.5평의 다다미방이, 왼쪽 구석에는 가스그릴이 설치된 부엌이 있고 그 반대쪽에 샤워룸과 화장실이 있다.

거실에 걸려있는 사다리를 오르면 침실로 쓰는 로프트가 나타난다. 약 1.5평 정도로, 천장 높이는 어른이 허리를 조금 굽혀야 이동할 수 있을 정도다.

전통공법으로 지어진

곳간 같은 작은 집은

회반죽 벽에 푸른 기와를 얹었는데,

정확히 다다미 6첩 넓이라

'육첩헌'이라 부른다.

집의 바닥과 내벽은 천연 목재를 썼고 그 사이로 규조토의 흰색 벽이 보인다. 작은 공간에는 고풍스러운 옷장과 우치다 씨의 책이 놓여 있고 보이드에는 옷이 걸려 있는데 물건이 적어 비좁다는 느낌은 없다.

우치다 씨는 '자유로운 생활을 위해 필요한 물건만 갖추고 사는 집'을 추구하고 있다. 자유로운 생활이란 어떤 생활일까? 살 집이 없는 것도 아니고 이미 집이 있는 우치다 씨가 왜 또 작은 집을 지으려 했을까? 그 이유를 자세하게 물어 보았다.

새집증후군을 앓다가
전통공법 집을 생각하다

"원래 여기서 도보로 2분 정도 거리의 본채에서 남편과 살고 있었어요. 아무튼 물건이 넘쳐나는 집이었죠. 물건이란 게 가지고 있는 것만으로도 관리능력이 필요하잖아요. 이건 어디에 있더라, 저건 어디에 있더라, 그러다 보니 물건을 찾는데 한 시간씩 걸리는 자신을 발견했죠. 그리고 후쿠시마 원자력 발전소 사고도 큰 계기가 됐어요. 원자력 발전을 반대한다고 말하면서도 모두들 에너지를 엄청 쓰며 살잖아요. 그래서 모델이 될만한 생활을 해 보고 싶었어요. 그런 생각을 하고 있을 때 스몰 하우스에 대한 책을 읽게 됐고 '그래, 이거다!'라고 느꼈어요. 좋아하는 건축가와 만난 자리에서 '오두막을 우습게 보지 말라'는 내용으로 거의 한 시간을 작은 집에 대해 이야기를 나눴는데 얼마나 재미있었는지 몰라요. 그런 여러 가지 계기로 인해, 작은 집에 살면 지금 안고 있는 많은 문제가 해결되겠다는 생각이 들었어요. 마침 부모님이 남겨주신 땅도 있었고 아이들도 사회인이 되어 독립한 터라 작은 집을 짓자고 결심했죠."

그런 경위로 짓게 된 육첩헌은 전통공법으로 지어 마치 헛간이나 고택 같은 외관을 가진 건물이 되었다. 그런데 왜 전통공법으로 집을 지었을까? 그것은 우치다 씨의 남다른 경험 때문이라고 한다.

"사실 새집증후군으로 오랫동안 고생해왔어요. 리폼을 하는 직업이다 보니 작업현장에서 대부분 새집증후군의 원인이 되는 새 건축자재를 사용하기 때문이죠. 아토피와 두근거림, 호흡곤란이 생겼고 늘 컨디션도 좋지 않았어요. 원래 살던 본채도 새 건축자재로 지은 탓에 아들이 초등학교 때 심한 폐렴에 걸리기도 했고 감기에 걸리면 2개월 동안 낫지 않았어요. 의료비가 연간 14만 엔이나 든 적도 있었죠. 새 건축자재에 쓰인 화학물질이 원인인 것 같아 벽 마감을 규조토로 바꾸고 마루도 화학약품을 사용하지 않은 것으로 새로 덧댔어요. 그랬더니 말끔히 병이 낫더군요. 그 후로 아들도 감기에 걸리지 않고 저도 아픈 게 없어지더라고요. 그래서 새로 집을 짓는다면 화학약품이나 화학물질을 사용하지 않는 건강한 집이 좋겠다고 생각했어요. 그렇게 해서 마침내 찾은 답이 전통공법의 집이었죠."

건강한 하루하루를 보내고 싶어 전통공법으로 집을 짓기로 결정한 우치다 씨. 하지만 규제에 막혀 집짓기까지의 과정은 만만치 않았다고 한다.

"막상 집을 지으려고 알아보니 전통공법으로 집을 지으려면 법률적으로 걸리는 게 많더군요. 예컨대 화학물질이 든 단열재를 반드시 쓰도록 한 조항이 그것이죠. 건축을 위한 여러 신청과 공사 확인, 구조 계산도 필요했어요. 좋은 방법이 없을까 여러모로 고민하다가, '건축법에 규제받지 않는 크기의 집'이면 되지 않을까 생각했어요. 짓는 땅에 따라 조금씩 다르겠지만, 3평 이하의 집을 짓는 데는 확인신청이 필요 없고 법적 규제도 적어 꿈꾸던 집을 지을 수 있다는 사실을 알게 됐죠. 왜 6첩이냐는 질문을 많이 받는데, 집의 넓이는 그렇게 해서 정해진 거예요. 이 집의 테마인 '자유로운 생활'에는 법률로부터의 자유라는 의미도 있답니다."

그런 경위로 짓게 된 육첩헌의 설계도는 우치다 씨가 그렸고, 공사는 50대 도편수와 그의 20대 제자에게 맡겼다. 전통공법 대로 자연석 기초 위에 기둥을 세우고, 기둥과 기둥을 잇는 목재는 목수가 손으로 파서 마름질한 것으로 일부에는 철물을 넣었다. 벽면은 전통공법 방식이 아니라 현대공법에서 자주 쓰는 어긋매낌으로 만들었다.

우치다 씨의 집에는 전통공법 이외의 방법도 채택되었다. 전통공법만으로 집을 짓고 싶었지만 전통 기술자를 찾기 어려운 공정은 현대공법으로 짓게 되었다고 한다.

벽면의 회반죽은 아와지의 미장 전문가와 그 제자가 바른 것이다. 집안의 문장(紋章)도 제자에게 기술을 전수하면서 회반죽으로 조각했다(이 회반죽은 일본회반죽협회 작품상을 수상했다). 우치다 씨에 따르면 회반죽 칠은 시공경험이 없는 사람도 할 수 있는 작업이라고 한다. 직접 시공한다면 비용을 줄일 수도 있을 듯하다. 우치다 씨 집은 목재를 댄 위에 모래 회반죽으로 밑칠을 한 후 흰색 회반죽으로 마감했다.

집을 짓는데 든 비용은 총 400만 엔 정도. 공사는 2개월 만에 끝났다. 공사비 내역은 목공과 관련된 재료비와 인건비로 약 270만 엔, 상하수도와 화장실 공사비가 60만 엔, 회반죽 값이 약 30만 엔. 전통공법으로 지어

오른쪽이 0.5평의 다다미방이고 왼쪽 구석이 부엌, 그 앞쪽에는 로프트로 올라가는 사다리가 있다.
공간은 작지만 수납공간은 확실히 확보했다.

로프트는 우치다 씨의 침실. 나무향이 감도는 차분한 공간.

거실 위의 행거. "옷은 절반으로 줄이고 싶다"고.

현관 역할을 하는 0.5평 정도의 작은 툇마루에 이웃집 아이가 놀러왔다.

3평 이하의 집은

건축법 규제를 받지않아

꿈꾸던 집을 지을 수 있다.

육첩헌의 테마인 '자유로운 생활'에는

'법률로부터의 자유'도 포함된다.

집의 크기에 비하면 공사비는 조금 비싼 편이다. 그러나 우치다 씨는 이 집에서 아주 쾌적한 시간을 보내고 있어 만족한다고 말한다. 3평 집은 상상만으로는 너무 좁은 것 아닌가 싶었는데, 실제 보니 작아서 살기 편한 부분도 있는 듯하다.

작은 집을 선택하면서 얻은 세 가지 자유

"저는 건축가 자격이 있어 작은 집의 도면을 봤을 때 공간적인 감각도 알 수 있어요. 도면을 보고 처음엔 살 수 있을지 불안하더군요. 그런데 이사하고 보니 얼마나 쾌적한지 몰라요. 집이 작으면 청소를 하거나 물건을 찾는 시간이 줄어들어요. 청소하는 면적이 작아 대청소를 해도 15분이면 끝나고 쓸데없는 물건이 없어 찾을 필요가 없어요. 얼마나 편한지, 이렇게 자유로운 시간이 늘어나다니 놀라울 정도예요. 집안에 있는 물건이 줄면 기분이 상쾌해지니 그 점도 좋아요. 이사 올 때 물건을 많이 줄여서 왔는데 지금은 더 줄었어요. 저것도 필요 없고 이것도 필요 없고. 최종적으로는 지금의 절반으로 줄이고 싶어요. 작은 집에 사는 사람들 대부분이 공감하는 말이겠지만, 집이 작아서 광열비가 훨씬 줄어들었어요. 전통공법으로 지어 일본의 고온다습한 기후에 맞춰 쾌적하게 지낼 수 있도록 고안되었죠. 냉난방도 거의 하지 않아요."

우치다 씨 집의 광열비 내역을 자세하게 물어보니 어떤 달의 광열비는 전기 요금 1,350엔, 상하수도 요금 1,943엔, 가스 요금 2,000엔으로 월 평

균 약 5,000엔이면 된다고 한다. 집이 있으면 광열비와 함께 재산세도 부과되는데 집이 작아서 2014년에 13,304엔이 나왔다고 한다.

"건축비는 6년짜리 대출을 받았는데, 연간 100만 엔도 들지 않아요. 제 친구는 매달 9만 엔씩 갚아야 하는 대출이 앞으로 20년이나 남아 있는데, 그건 좀 힘들겠다 싶었어요. 주택 대출에 돈을 지출하느라 다른 곳에는 쓸 돈이 없게 되는 거죠. 그걸 생각하면 집은 작은 편이 좋다고 생각해요. 세금이 붙지 않도록 100만 엔 이하로 버는 게 좋겠지만, 지금은 농담 삼아 연간 수입 목표를 365만 엔이라고 말해요. 하루 만 엔 정도 벌면 무리 없이 과로하지 않고 기분 좋게 살 수 있지 않을까 생각해요."

우치다 씨가 추구하는 '자유로운 생활'에는 '일로부터의 자유'도 포함되어 있는 것 같다. 확실히 대출이 적고 집에 드는 고정비가 적으면 매일 밤늦도록 일할 필요가 없을 지도 모른다.

"이 집은 그렇게 비싸지 않기 때문에 아이들도 이런 집을 지어 살면 좋겠다는 생각이 들어요. 어른이 되면 (가족 관계는) 어느 정도 거리가 있는 게 좋잖아요? 남편은 본채에 살고 있고 일 때문에 매일 얼굴을 보긴 하지만 결혼한 지 오래 되었고 해서 각자 편하게 살고 있어요. 이따금 남편이나 아이들이 육첩헌에 밥을 먹으러 오지만 휑하니 왔다가 휑하니 간답니다. 아이들 입장에서 보면 엄마가 쉰 살이 다 되어 이상한 일을 벌였으니 성가신 부모라고 생각할 지도 모르지만(웃음) 각자 독립해서 사니까 매일 얼굴을 맞대는 것보다 오히려 이게 좋아요."

라이프 스타일은 살면서 변하기 마련이다. 처음에는 혼자 살다가 결혼을 하고 아이가 태어나고 그리고 아이가 독립하고…… 이렇게 가족의 관

"청소하는 면적이 작아

대청소를 해도 15분이면 끝나고

쓸데없는 물건이 없어 찾을 필요가 없어요.

얼마나 편한지,

이렇게 자유로운 시간이 늘어나다니 놀라울 정도예요."

'자유로운 생활'에는

'일로부터의 자유'도 포함되어 있는 것 같다.

확실히 대출이 적고

집에 드는 고정비가 적으면

매일 밤늦도록 일할 필요가 없을지도 모른다.

계성도 변하고 각자에게 편안한 거리감도 바뀌는데 여전히 똑같은 구조로 살거나 집에 얽매인다는 것이 조금 답답할 수도 있을 것 같다.

우치다 씨가 말하는 '자유로운 생활'은 '법률로부터의 자유', '일로부터의 자유', '집의 구조와 장소로부터의 자유' 세 가지로 좁혀지는 것 같다.

전통 집짓기
계승의 계기가 되다

우치다 씨가 내장공사나 리폼 등의 의뢰를 진행하면서 고객들로부터 육첩헌 같은 집을 지을 수 없는지 질문 받는 일도 많은데, "지방의 시공업체에 부탁하면 가능해요. 전국 어디서든 60대 이상의 목수를 찾으면 지을 수 있을 거예요."라고 대답해 준다고 한다.

"육첩헌을 지으며 페이스북 페이지도 만들고 블로그를 통해서도 저의 생활을 소개하고 있어요. 하지만 이 집으로 돈을 벌 생각은 없어요. 육첩헌을 지은 것은 건강한 집에서 쾌적하게 살고 싶은 바람이 컸고, 또 하나는 전통공법을 다음 세대에 전하고 싶은 마음도 있었어요. 사실 육첩헌에 쓰인 전통공법은 60대 이상의 목수라면 누구든 알고 있어요. 하지만 비용이 드는 방식이고 집에 요구되는 것들도 변화하고 있어 전통공법으로 집을 지을 기회가 해마다 줄어들고 있죠. 그렇게 되면 젊은 목수들은 배울 기회가 없어지고 관련 기술도 결국 사장되고 말죠. 제가 목공일을 하지는 않지만, 목수는 예쁘고 멋진 것을 만드는 일보다 나무를 다루는 법을 아는 게 중요하다고 생각해요."

부엌 타일은 큰맘 먹고 취향대로 골랐다. 싱크대는 중고를 구입.

새 건축자재와 자연건조 소재를 넣어 발효의 차이를 연구.

아궁이에 한 밥은 최상의 음식일 것 같다.

샤워기도 설치했지만 겨울에는 온천을 이용한다.

나무를 다루는 건 일견 쉬워 보이지만 몹시 어려운 일이다. 요즘 건물에 많이 쓰이는 비닐이나 플라스틱 건재와 달리 천연 목재는 수분을 머금었다 배출한다. 그래서 집을 짓고 난 후 목재가 수축을 반복해 결국 목재가 비틀어지거나 뒤집어지고 갈라지기도 한다. 또한 '나무의 종류', '사용하는 부위', '생육 환경'에 따라 달라지니 '목재'는 꽤 까다로운 소재이다. '나무의 종류'가 삼나무인지 소나무인지에 따라 다르고, 소나무라도 '사용 부위'가 뿌리인지 나무의 안쪽인지 바깥쪽인지, 어느 지역의 산에서 자랐는지, 여러 요소 중 하나라도 달라지면 나무의 무게와 강도, 내구성 등이 미세하게 변한다고 한다.

이처럼 복잡한 '목재'를 정확하게 취급하기 위해서는 풍부한 경험과 지식과 기술이 필요하다. 값싸고 구하기 쉬운 소재를 선호하는 현대사회에서 '목재'는 까다로운 자재이다. 누구든 쉽게 취급하고 가공이 용이하도록 만들어진 새 건축자재는 표면에 칠을 해 나무의 호흡을 막아 갈라짐과 뒤틀림을 방지하거나, 다양한 부위를 모아 판자로 만들어 나무의 특성이 잘 나타나지 않도록 해서 생산하기 쉬워졌다. 새 건축자재가 집짓기 재료로 많이 사용되는 요즘은 나무 다루는 법을 배울 기회가 점점 줄어들고 있다.

"2020년에 에너지절약법이 개정되면 전통공법을 사용할 수 없게 됩니다. 이번 개정에서는 '기준치 이상 단열화할 것, 소비 에너지량이 일정 범위 내에 들어가도록 설계할 것'이 의무화되기 때문이죠. 전통공법은 그 기준을 통과할 수 없어요. 하지만 수치화된 데이터와 사람이 느끼는 쾌적함에는 분명 차이가 있어요. 지금을 놓치면 기술을 전수할 기회가 없어져버리는 것이 너무 안타까워요. 육첩헌 같은 고택풍의 집을 좋아하는 사람도 많을 거라 생각하는데, 대부분의 사람들은 실제 사례를 보고 경험자의 말을 듣지 않으면 실행으로 잘 옮기지 못하잖아요. 그래서 제가 육첩헌을 짓고 팸플릿이나 블로그를 통해 소개하고 있어요."

옛사람들의 지혜와 기술을 잇다

땅에는 토양과 기후에 맞는 나무와 꽃이 핀다. 일본에 계승되어 온 공법도 고온 다습한 일본 기후에 적합한 형태로 생겨나 선조들이 수정하며 발전시켜 온 것이다. 산과 숲으로 둘러싸여 목재가 풍부한 일본에서는 아득한 옛날부터 목재로 집을 지어왔다. 나무는 가공하기 쉽고 운반하기 쉽지만 습기나 물이 닿으면 썩는 단점이 있다. 그 때문에 상한 나무는 교체하고 관리하며 집을 사용했다.

고택 같은 전통공법으로 지은 건물은 나무를 습기로부터 지키는 지혜가 곳곳에 숨어있다. 예컨대 마루 밑 공간은 집에 습기가 차는 것을 막기 위한 것이다. 나무는 습기나 물과 닿으면 그곳부터 썩기 때문에 지댓돌을 놓아 땅과 기둥 사이에 공간을 띄우고 바람이 통하도록 고안되었다. 또한 나무의 성질에 따라 쓰이는 공간도 달랐다. 예를 들어 외부에 노출된 곳에는 단단해서 잘 썩지 않는 느티나무나 밤나무를, 대들보에는 강도가 높은 소나무를, 집 내부에는 삼나무 같은 촉감이 좋고 나뭇결이 아름다운 나무를 사용하는 등 적재적소에 나무를 사용해 집이 오래 가게 하고 편안하게 살 수 있도록 연구하였다.

이러한 기술은 한 번 잃어버리면 되찾기 어렵다. 옛 문헌을 더듬어 사라진 기술을 되살리고 싶어도 나무에 끌을 넣을 때의 미묘한 힘 조절이나 벽을 바를 때 흙손에서 전해지는 회반죽의 단단함 등 감각적으로 몸에 밴 기술은 문헌만으로 배우기는 어렵다. 전통이 최고라고 생각지 않지만 오랜 세월 이어져온 것에는 그 만큼의 가치가 있고 오늘날 활용할 수 있는 것이 많지 않을까 생각한다.

사람도
자연의 일부이다

"육첩헌은 제가 마음도 몸도 건강하게 살고 싶어서 지은 집이에요. 그래서 공법이나 건축자재를 꼼꼼하게 골랐는데 역시나 아프지 않고 편하게 지내고 있어요. 물론 제 느낌이기 때문에 모든 것이 집 덕분이라고는 단언할 수 없어요. 건강해진 건 음식의 영향일 수도 있고 또 다른 이유가 있을지도 모르죠. 아무튼 집을 바꾼 후로 아픈 게 없어진 것만은 확실해요. 새집에서는 벽과 마루에서 화학물질이 계속 나오기 때문에 마치 시너를 마시고 있는 것과 비슷한 상태예요. 그런 것이 없어졌기 때문인지 이 집에서는 음식도 맛있답니다. 이건 아주 주관적인 생각이지만, 요리사는 우선 요리를 하는 건물부터 꼼꼼하게 따져보는 게 좋아요. 살기 편한 집에 살면 미각부터 바뀌죠. 저는 건물로 인해 몸이 안 좋아졌기 때문에 나무 자체와 나무에게 좋은 미생물과 나쁜 미생물 등 집과 관련된 여러 가지를 조사하고 공부했어요. 나무는 농산물이기 때문에 보존식을 만들 듯 나무를 다루는 것이 전통공법이에요. 인간도 동물이고 자연의 일부이기 때문에 자연을 지배하고 뭐든 맘대로 할 수 있다고 여기지 말고 공존해야 한다고 생각해요."

몸이 안 좋아지거나 병이 들면 그때서야 우리는 몸에 관심을 가지게 된다. 열이 나서 괴롭거나 몸이 아프면 '나도 생물이구나'라고 절실히 느끼기도 한다. 자연을 정복하고 지배하는 서양적 가치관이 유입되기 이전의 일본에는 인간도 자연의 일부로서 자연과 공생하는 가치관이 정착돼 있었다. 현대사회는 입는 것도 먹는 것도 주거도 모든 것이 효율화를 향해 치닫고 있어 가끔 숨이 막힐 때가 있다. 그것은 머리로 생각한 것을 우선시한 나머지 '생물'로서 무리를 하고 있기 때문은 아닐까?

바람이 느껴지지 않는 밀폐된 환경이나 햇빛이 들지 않는 방에서 일하면 어딘가 기분이 좋지 않다. 우리는 피부를 통해 습도나 온도를 감지한다. '왠지 편하지 않다'는 생각이 들 때는 몸이 불쾌하다고 감지하고 있는 것이리라. 풍요한 생활의 정의는 사람마다 다르겠지만 몸과 마음 모두 건강하게 사는 것도 풍요한 생활 중 하나의 토대라고 할 수 있지 않을까? 그 힌트는 몸의 소리에 귀를 기울이고 자연의 일부로서의 자신을 자각하는 것에서부터 시작되는 것인지도 모른다.

제4장

직접 지은 스트로베일 공법의 풀꽃집에서 자급자족의 삶을 살다

모토야마 사호 : 사가 현 가라쓰 시 거주. 직접 집을 짓기 시작해 현재도 증축 중. 농사는 물론이고 전력과 에너지까지 자급자족하며 수영장까지 딸린 집에서 호사를 누리고 산다. '인생은 저지르는 사람이 주인'이라는 신조를 갖고 있다.

○

"어디지? 모토야마 씨 집을 찾을 수가 없네……."

구마모토 시내에서 차를 달려 사가 현 가라쓰 시의 산속에 사는 취재원의 집을 찾아가던 우리는 목적지인 집을 좀처럼 찾을 수 없어 헤매는 중이었다.

모토야마 씨는, 후쿠오카 현 후쿠오카 시 출신으로 혼자서 사가 현 가라쓰 시의 시골로 이주해 살고 있다. 그녀가 사는 집은 모토야마 씨가 혼자서 직접 지었다고 한다. 게다가 농사를 지어 먹을거리를 해결하는 것은 물론이고 로켓 스토브와 태양열 패널을 이용해 전력과 에너지까지 조달하는 자급자족에 가까운 생활을 한다고 했다. 이런 이야기를 들으니 대단히 용감하고 분명 머리에 수건을 질끈 동여매고 볕에 그을린 얼굴로 '크하하' 웃을 것 같은 여성이려니 상상했다.

모토야마 씨의 집을 찾아 마을을 도는데 채 5분도 걸리지 않는 작은 동네였다. 언뜻 훑어본 바로는 상점도 없고 자동판매기조차 눈에 띄지 않았다. 중간에는 비포장 길도 있고 차 한대 지나갈 정도의 공간을 남기고 식물로 터널을 이루는 등 자연이 풍요롭고 공기가 좋은 것은 확실해보였다. 하지만 이런 곳에서 젊은 여성이 살 수 있을까?

그림책에 나올 듯한
풀꽃집을 직접 짓다

그림 같은 집에서 털이 긴 강아지를 안고 나온 사람은 우리의 상상과 달리, 작은 키에 가냘픈 여성이었다. 흰 피부에 '오호호' 웃으며 집이 아니라 과자를 만드는 것이 더 어울릴 듯한 외모의 모토야마 씨를 보자 우리의 선입관은 좋은 의미에서 배신을 당한 것 같았다.

모토야마 사호 씨가 사는 곳은 사가 현 가라쓰 시의 시골마을에 있는 6평(20평방미터) 정도의 작은 집이다. 울퉁불퉁한 흰 토담이 있고 지붕에는 풀꽃이 자라고 있어 마치 그림책에 나오는 집 같다.

모토야마 씨는 목수직업훈련학교에 다니고 목공소와 설계사무소에서 일하며 배운 기술로 작은 집을 지었다. 4.8평(16평방미터) 정도의 작은 우드테라스를 사이에 두고 왼쪽에 욕실, 맞은편 오른쪽으로 거실과 침실, 화장실과 부엌이 있는 본채가 있다. 본채 외벽은 짚을 쌓고 그 사이에 흙을 발라 채운 스트로베일 공법으로 지은 다음 조립식 주택과 함석 헛간을 연결했다.

모토야마 씨는 상하수도를 연결하지 않고 생활용수는 부지 내에 우물을 파고 펌프로 퍼 올려 쓰고, 톱밥을 사용해 퇴비 화장실을 만들었다. 샤

놀랍게도 이 집은 모두
모토야마 씨가 직접 지었다.
왼쪽이 샤워룸,
오른쪽의 흰 벽이 본채다.

워는 태양열을 이용해 물을 데워 온수를 공급하는 시스템이다. 전기는 연결되어 있지만 가전제품을 거의 쓰지 않기 때문에 한 달에 전기요금 2,000엔 대로 해결된다.

모토야마 씨는 침실로 쓰는 조립식 오두막에서 시작해 조금씩 확장해 가며 지금의 형태를 만들었다고 한다. 집 옆에는 비계로 둘러싸여 건축 중인 건물이 보인다. 무심코 "이웃집인가요?"라고 물었더니 "아, 그거 (제가) 지금 짓는 중이에요."라는 예상 밖의 대답이 돌아왔다.

모토야마 씨가 새로 짓는 집은 2층 건물로 2세대도 살 수 있을 것 같은 훌륭한 집이었다. 콘크리트 기초 공사가 끝나고 63개의 기둥 사이에는 이미 대들보가 걸쳐져 있다. 기초공사와 상량은 전문가의 도움을 받았지만 껍질 벗긴 간벌재의 벌채, 밑그림 그리기, 재단하기 등을 비롯해 앞으로 하게 될 외벽과 내장공사는 모두 자기 손으로 할 예정이라고 한다.

"지금 짓는 집은 일을 하면서 작업하기 때문에 대략 2~3년 정도 걸리지 않을까 생각해요. 설계를 직접 하고, 먼저 외벽을 공사 중인데 이것을 빨리 끝내 비계를 철거하는 것이 현재의 목표예요. 이 집은 그렇게 서두를 필요가 없기 때문에 천천히 지으려고 해요. 완성하면 자연 농법 레스토랑을 하려고요. 테마는 '생활의 지혜를 가르쳐주는 레스토랑'으로 정했어요. 아이디어가 많아요. 식사하러 온 아이가 근처 밭에서 모험을 하며 야채와 달걀을 수확할 수도 있고, 어떤 야채가 맛있는지 설명한 팻말도 밭에 세우고 이곳을 찾는 아이들과 어른들이 음식이나 물건 만들기 등 다양한 놀이를 통해 생활의 지혜를 얻을 수 있으면 좋겠어요."

앞에서도 말했듯이 모토야마 씨는 집을 만드는 것보다 케이크를 만드는 게 더 어울릴 것 같은 가녀린 여성이다. 그런 사람이 2세대가 살 수 있을 것 같은 큰 집을 혼자 짓고 있다는 말을 들으니 우리는 뭔가에 홀린 것 같은 기분이었다. 집이 정말로 완성될 수 있을지 불안해졌다. 그러나 모토야마 씨의 경력을 듣다 보니 이 사람이라면 꿈을 이룰 수 있을 것이라는 생각이 들었다.

자연의 섭리에 따라 자급자족하는 삶을 꿈꾸다

후쿠오카 현 후쿠오카 시 출신인 모토야마 씨는 미용전문학교를 졸업했다.

"하고 싶은 일은 많았지만 직업으로 삼고 싶은 것은 없었어요. 인문계 고등학교를 다녔기 때문에 대부분 대학에 진학했죠. 저는 막연하게 대학에 진학할 수는 없다 싶어서 공부하고 싶은 것이 생기면 그때 제 돈으로 가자고 생각했어요. 3년 동안 진로를 제1 희망부터 제3 희망까지 모두 '아르바이트생'이라고 써서 제출한 기억이 나요. 교육에 엄했던 어머니는 저에게 '직업 기술을 배우라'며 미용전문학교에 가는 것을 조건으로 아르바이트를 허락해 주셨어요. 그리고 졸업 후 염원하던 아르바이트생이 되고 나서 생각했죠. 어떤 식으로 살 것인가? '나는 내 인생을 자유롭게 누리고 싶다. 그리고 즐거웠다, 좋은 인생이었다, 낳아줘서 고맙다고 엄마에게 전하고 싶다'고 생각했어요. 어머니는 지금도 낳지 말았어야 했다고 계속 후회를 하고 있지만요(웃음). 열아홉 살 무렵의 어린 생각이었지만 그것이 최고의 효도라고 생각했어요."

학교를 졸업한 후 모토야마 씨는 세상이 생각하는 '진로'와 다른 길을 선택한다. 인도의 고아원에서 자원봉사 활동을 하고 군마와 오가사와라 제도, 홋카이도의 시베쓰 등 각지에서 입주 아르바이트를 하면서 전국을 돌아다녔다. 히치하이크를 하거나 때로는 야숙을 해가며 오토바이로 여행을 한 적도 있다고 한다. 그런 일상 속에서 모토야마 씨는 집을 짓고 농사를 지으며 지금의 생활로 이어지는 경험을 쌓아간다.

"일본 사람들은 대부분 '집은 사는 것'이라 생각하죠. 저도 집을 직접 지을 수 있다는 생각은 못했어요. 그런데 법률을 살펴보면 100평방미터 이하는 비전문가가 지어도 건축 확인을 받을 수 있어요. 물리적으로 지을 수 있다고 생각했지만 법적으로도 아마추어가 집을 지을 수 있다는 사실에 놀랐어요. 농업을 하게 된 건 군마 현의 곤약 감자 농가에서 숙식하며 일하고 있을 때 본 자연농법 비디오였어요. 중학교 때 식물연쇄나 광합성을 배우잖아요? 우리가 아무것도 하지 않는데도 지구가 순환한다는 게 그때는 참 신기하고 감동적이었어요. 비디오를 보니 그 때의 감동이 되살아났죠. 자연농법은 흙 속의 미생물이나 벌레의 도움으로 자연의 순환에 따라 농사를 짓는다는 것을 알게 되었고, '그래! 나는 자급자족을 하고 싶었던 거다, 나도 자연의 섭리에 따라 살고 싶다!'라고 생각했어요."

그 후 모토야마 씨는 목수직업훈련학교에 다니며 집 짓는 기술을 배웠다. 농업은 숙식하며 일하던 농가에서 배우고 있지만 본격적인 연수를 한 것은 28세 때다. 6개월의 연수를 마치고 4개월 동안 일본 각지를 WOOF(농업을 배우고 싶은 사람과 농가가 노동력과 식사 및 숙박 장소를 교환하는 제도.

세계적으로 호스트 농가가 있다)로 돌아다닌 후 후쿠오카 시에서 1,200평의 밭을 빌려 자급자족 생활을 시작했다. 작은 땅에서 야채를 키우며 농사를 시작하고 나서는 트랙터를 사고 야채를 카페에 팔거나 야채 잼을 만들어 판매하면서 2년을 보냈다.

"어렸을 적부터 집짓기에 관심이 있었던 것 같아요. 지금 집은 초등학교 때 그린 도면과 비슷해요. 도면이 일부밖에 남아 있지 않지만요……."
그렇게 말하며 모토야마 씨가 보여 준 것은 초등학교 5학년 때 그린 3장의 '집 도면'이었다. 도면은 집을 위에서 내려다 본 것으로, 거실과 서재, 집 중앙에 놓인 수영장 등 각 방이 컬러로 상세하게 그려져 있고 집의 방 배치가 자로 그은 듯 똑바른 선으로 그려져 있었다.

지금의 모토야마 씨 집 앞에는 초등학교 때 그린 도면과 같은 수영장이 있다. 가로 세로 6m의 큰 수영장은 야후 옥션에서 판매하는 것을 구입해 설치한 것이라고 한다.

'보험' 대신 '농사법'과 '집짓기 기술'을 배우다

"마음의 소리에 따라 하고 싶은 일을 하며 사는 게 중요하다고 생각해요. 농사일도 집 짓는 일도 그 연장선상에 있어요. 경험상 하고 싶은 것을 무시했을 때 실패하는 경우가 많았거든요. 그래서 마음과 감각을 연마하고 자신을 제대로 보려고 노력하고 있어요. 그렇게 하면 신기하리만치 일이 잘 풀리거든요. 미래에 대한 불안이 없는 건 아니에요. 많은 사람들이

부엌에는 모토야마 씨가 좋아하는 식기가 빼곡이 늘어서 있는데, 상하수도를 연결하지 않아 생활용수는 우물물을 쓰고 있다. 안쪽에 보이는 세면대도 모토야마 씨가 직접 만든 것.

생명보험에 가입하고 매달 돈을 지불하잖아요. 저는 그 대신 농사법과 집 짓기 기술을 배우며 삶의 지혜를 익히는 것인지도 모르겠어요."

후쿠오카 시에서 태어나 각지를 돌아다녔고 한때 도쿄에서 살았던 적도 있는 모토야마 씨는 어떻게 지금의 집이 있는 가라쓰 시에 정착하게 되었을까? 그녀가 집을 짓기까지 과정을 물어봤다.

"원래는 여행하던 중 마음에 들었던 나가노나 아소에서 살고 싶었어요. 하지만 조건에 맞는 땅을 좀처럼 찾을 수가 없었죠. 그래서 고향과 가까운 사가에서 찾아봤더니 마침 좋은 땅이 있더라고요. 상하수도도 전기도 놓여있지 않은 빈 땅인데, 처음에는 4평(14평방미터) 정도의 조립식 주택을 사서 도구를 넣어두는 용도로 썼어요. 그러다 갑자기 일을 그만두고 학교에 가게 되었고 사가 현에 거주하는 것이 입학 조건 중 하나였기 때문에 그냥 이곳에서 살기로 했어요. 그게 지금의 침실이에요. 처음에 주소조차 없어 주소를 받기 위해 시청 직원을 집으로 불러 조립식 주택을 보여주며 '이게 집이라고요!'라며 필사적으로 우겼죠."

모토야마 씨가 이곳에서 거주한 지 4년째. 당초 조립식 주택에서 시작해 점점 확장한 것이 이제는 훌륭한 집이 되었다. 귀여운 모습의 본채는 70%정도를 고재를 활용해 지었는데, 버리는 것을 얻거나 매입해서 재사용했다고 한다.

이 집의 본채는 스트로베일 공법으로 만들어 언젠가는 흙으로 돌아갈 집이다. 스토로베일 공법은 1850년경 미국에서 시작된 것으로, 목재로 구조를 만들고 벽에 짚으로 블록을 쌓아 벽을 세운 후 겉면에 흙이나 모르타르를 발라 마무리한다. 방음, 단열, 습도 조절이 뛰어나 여름에는 시원하고 겨울에는 따뜻하다. 버려지는 짚을 사용하기 때문에 시간이 흐르면 흙으로 돌아가 환경 파괴 없이 지속가능한 공법으로 주목받고 있다.

"스트로베일 공법을 알게 된 것은 인터넷으로 자연농법을 조사할 때였어요. 저는 뭔가를 만들 때면 오랫동안 인터넷으로 조사해요. 철저하게 조사한 후에야 겨우 움직이기 시작하는데, 스트로베일 집은 보면 볼수록 외형도 동그스름하게 귀엽고 겨울에는 따뜻하고 여름에는 시원해요. 벽이 숨을 쉬면서 습기를 빨아들이거나 내뱉는 매우 합리적인 시스템이죠. 최종적으로는 썩어서 자연으로 돌아간다는 점도 마음에 들었어요. 농사를 짓다보면 자연이 순환한다는 것을 알 수 있어요. 식물연쇄라든지 광합성이라든지 모든 것이 연결되어 원을 이루죠. 우리의 삶도, 그리고 집도 그 원형 안에 두고 싶다는 생각에 이 공법을 선택했어요."

농업으로 알게 된 자연의 순환법칙 때문에 지금 집의 공법을 결정한 모토야마 씨의 행동은 한걸음 더 진화해 에너지까지 자급자족하는 다음 단계로 향한다.

에너지를 자급자족하는 오프그리드(off-grid) 생활

집을 직접 짓고 밭에서 식재료를 키우는 모토야마 씨는 생활에 필요한 에너지도 자급한다. 욕실에서 사용하는 더운 물은 태양열로 끓이고 생활용수는 우물에서 길러 쓰고 손수 만든 로켓 스토브로 방을 데운다.

이처럼 생활에 필요한 에너지를 자급자족하는 생활을 '오프그리드 라이프'라고 한다. 그리드란 전력회사의 송전망을 말하는데, 그것으로부터 독립된 생활이므로 '오프 = 떨어지다, 그리드 = 전력회사의 송전망'이다. 일본에도 오프그리드 라이프를 실천하는 사람들이 늘고 있는데 태양열 패널 등으로 자가발전해 생활에 필요한 전기를 조달한다. 모토야마 씨는 집에 전기가 들어오지만 태양열 패널로 발전도 하고 있다.

난방에 사용하는 로켓 스토브는 한말짜리 양철통을 이용해 간단하게 만들 수 있다. 열효율이 좋고 목재를 연료로 쓸 수 있어 적은 연료로 효율적으로 방을 데울 수 있다는 것이 특징이다. 모토야마 씨는 인터넷이나 동료들과 지식을 공유하며 만들었다고 한다.

태양열로 물을 데우는 욕실은 망가진 온수기와 욕조를 때마침 얻어 쓸 만한 부분만 떼어내 새로 만들었고 벽과 바닥, 배관도 직접 만들었다. 여름철에는 찬물을 섞어야 할 정도로 뜨거운 물이 나오지만 태양빛이 약한 겨울에는 별로 따뜻해지지 않기 때문에 로켓 스토브로 데운 뜨거운 물을 함께 사용한다고 한다. 그런데 스토브로 물을 끓이는 데 2시간이나 걸린다고. 그래서 겨울에는 단념하고 가까운 온천에 다닌다고 한다.

"스토브 내부의 구리관이 좀 더 길어야 했을까요? 하지만 이것저것 할 일이 많아서 손 쓸 겨를이 없어요."라며 웃는 모토야마 씨. 돈 주고 사는 게 빠르고 싸다는 소리도 들을 것 같은데, 모토야마 씨는 왜 자급자족 생활을 선택한 것일까?

"가장 큰 이유는 그것(물건 만들기나 수렵, 농경 같은 일)이 즐겁고 마음 편하기 때문이에요. 생활에 시간을 소비하는 삶의 방식은 충실감이 달라요. 일을 해서 대가를 받고 물건과 교환하는 이런 생활도 좋고, 제가 하는 일이

별채의 화장실. 한켠의 책들은 만화에서 전문서적까지 장르가 다양하다.

모토야마 씨의 침실. 스토로베일 공법으로 지어 겨울에 따뜻하고 여름은 시원하다.
안쪽에는 좋아하는 책이 꽂혀있다.

화장실의 스테인드 글라스도 직접 만든 것, 뭐든 잘 만드는 모토야마 씨는
여성이라서 구두가 많은 편이지만 깔끔하게 정리 정돈되어 있다.

누군가에게 도움이 되기도 하니 얼마나 멋있어요. 하지만 만약 일이 목적이 아니라 돈을 위해 일한다면 늘 돈 때문에 마음이 편하지 않을 것 같아요. 사는데 필요한 정보와 기술을 가질 수만 있다면 적어도 생계를 위해 억지로 일할 필요는 없겠죠? 게다가 기술이 사라져가는 것도 안타까워요. 모든 이들은 먹어야하고 집이 있어야 하고 알몸으로 지낼 수 없잖아요. 많은 사람들이 발전시켜 온 의식주 기술을 계승해서 아이들에게 전하는 것이야말로 부모 세대의 중요한 역할이 아닐까 생각해요."

자신의 가치관에 따라 생활에 관련된 다양한 것을 스스로 만드는 모토야마 씨지만 모든 것을 직접 만드는 것은 아니다. 집 안에는 옷과 책, 소품들이 있다. 다음은 모토야마 씨와 물건의 관계성에 대해 이야기해보자.

물건과 관계에 얽매이지 않고 없으면 없는대로 좋은 삶

모토야마 씨의 작은 집을 들여다보면 다양한 물건이 있다. 컬러풀한 것부터 심플한 것까지 다양한 종류의 유리잔과 식기, 좋아하는 표지가 보이도록 장식한 책과 DVD, 접어서 깔끔하게 진열한 옷과 선반에 줄지어선 10켤레 정도의 구두 등 여러 가지 물건이 작은 집에 빼곡하다.

모토야마 씨는 평소에 옷을 거의 사지 않고, 가지고 있는 물건도 뭔가를 만들기 위한 도구나 책이 대부분이다. 예컨대 집을 짓는데 필요한 톱이나 끌은 산 물건이지만 로켓 스토브처럼 직접 만들 수 있는 것은 만들어 쓴다고 한다.

"물건은 가끔 망가지기도 하죠. 하지만 직접 만든 물건은 고칠 수가 있잖아요. 망가지면 갖고 있는 물건으로 대신하거나 다른 도구를 이용해 해결방안을 찾아요. 얼마 전에는 망가진 우물을 혼자 고치느라 애를 먹었어요. 집 앞의 수영장을 설치할 때 직접 하면 10만 엔 정도 드는 공사를 근처 기술자에게 부탁했더니 전부 하는데 1만 엔이면 된다고 하더군요. 경우에 따라 다른 사람의 도움을 받는데, 혼자 다 하려고 하면 힘이 들 때도 있어요. 그래서 누군가와 함께 살아도 좋겠다는 생각을 하기도 해요. 도와주지 않아도 좋으니 이야기라도 들어 주면 좋겠다고요……."

씩씩해 보이는 모토야마 씨도 누군가에게 의지하고 싶을 때가 있나보다. 물건에 대한 그녀의 가치관은 어떨까? 무엇이든 연구해서 만들 수 있다면 물욕도 없어질까?

"필요한 것을 소유하고 그것을 소중하게 오래 사용하는 걸 좋아해요. 여행을 다니며 자동차 안에서 잠을 자던 시기도 있었는데, 그런 생활을 해보니 집이나 물건이 없어도 생각보다 불편하지 않더라고요. 야숙은 역시 무리지만 살아가기 위해 필요한 것이 그다지 많지 않다는 것을 알게 됐어요. 저축이나 가진 물건이 많으면 그것을 유지해야한다는 불안이 늘 따라다닐 것 같아요. 편리한 일용품에 둘러싸여 그 생활에 익숙해지면 그것과 떨어져서는 살 수 없게 돼요. 소유물로부터 해방되고 보니 상상했던 불안감이 아니라 그 어떤 것으로도 대신할 수 없는 해방감이 있었어요. 소비하는 생활에서 창조하는 생활로 전환하면 물건을 아끼게 되고 풍요로워져요. 저축을 한다면 신선한 채소 씨앗이 좋겠네요."

물건에 얽매이지 않고 자신의 가치관에 따라 생활하는 것은 속박에서 벗어난 자유로운 삶의 방식이라 생각된다. 속박이라면 인간관계의 속박 때문에 고민하고 피하려는 사람도 많을 것 같은데 모토야마 씨의 경우는 어떨까?

저, 속세를 떠난 사람
아니에요

"제 생활을 보고 사람들은 흔히 '자유로워서 좋겠네요'라고 말하는데, 자유를 선택하려면 처음에는 대단한 용기가 필요합니다. 레일 밖으로 떨어지는 느낌이거든요. 너무나 무서웠어요. 하지만 저는 사회와의 관계를 끊을 생각은 없어요."

우물물을 긷고 태양열로 끓인 물로 목욕하고 집을 손수 만들고 농사를 짓는 일련의 생활들이 마치 사람과의 관계를 끊고 사는 것처럼 보일 수도 있지만 모토야마 씨는 사람이나 사회와의 관계도 중요하게 생각한다.

"이곳은 별이 아주 예쁜데, 얼마 전에는 유성우가 떨어지는 시간에 친구들이 놀러 왔었어요. 친구들을 불러 파티를 하는 경우도 있죠. 이곳 친구들은 직장에 다니거나 평범하게 사는 경우가 많아 이런 생활에 놀라곤 해요. 차로 한 시간 거리의 후쿠오카 현 이토시마 시에 사는 친구는 주변에 자급자족에 가까운 생활을 하는 사람이 많아 그렇게 놀라지는 않아요."

일은 어떨까? 오랫동안 설계사무소에서 아르바이트를 하거나 농가에서 숙식하며 일해 온 모토야마 씨는 2015년 9월부터 건축 관련 회사에서 일한다고 한다.

"이 일은 너무 재미있는, 기적 같은 만남이었어요. 정말 내가 원하는 삶을 살기 시작하면서 이런 일이 많아졌어요. 마치 정해져 있었던 게 아닐까 싶을 정도로 일이 착착 전개되었죠. 생각해보면 스무 살 무렵, 무슨 일인지도 모르고 시급 높은 아르바이트가 있을까 하다 찾아낸 CAD 오퍼레이션 아르바이트나 구약감자 농가 아르바이트도 전부 지금의 생활에 도움이 돼요. 닭이 먼저냐 달걀이 먼저냐죠. 그 일을 했기 때문에 여기까지 오게 된 것인지, 아니면 지금의 생활을 위해 그 일을 선택한 것인지. 그래서 이번에도 지금껏 살면서 취직 같은 건 생각해 본적도 없었지만 인연이라고 고맙게 생각하고 일하기로 했어요."

회사 일 외에 마을 사람들과의 교제도 중요한 일 중 하나다. 시골 마을은 풀베기나 마을 잔치, 마을 축제 같은 모임이 많은데, 모토야마 씨는 남자들 틈에 어울려 마을 행사나 축제에 적극 참여한다고 한다. 유치원에 가서 아이들에게 오두막 만들기 워크숍을 열기도 하는데, 이런 활동의 이면에는 아이들에 대한 특별한 바람이 있었다.

"어릴 때부터 의식주에 대해 좀 더 친숙하게 느끼고 즐길 수 있는 환경을 만들어 주고 싶어요. 세상을 살아갈 힘을 가르쳐줄 수 있는 사람이 많지는 않잖아요. 만일 그것에 흥미를 갖는 아이가 있다면 체험할 수 있는 장소를 만들어주고 싶어요. 그리고 아이들이 좀 더 활기차게 자랐으면 좋겠어요. 아이는 미래의 일꾼이 되기 위해 태어난 게 아니잖아요? 일본은 '이래야 한다'는 모습에 너무 치중한다는 생각이 들어요. 거기서 벗어나면 싸늘한 시선을 감수해야하죠. 하지만 다른 길이나 방법을 고를 수 있는 선택지가 늘어나면 좋겠어요. 레일에서 벗어나지 못하는 가장 큰 이유는 주

현재 건축 중인 두 번째 집. 앞으로 할 외벽과 내장공사는 모두 직접할 예정이다. 이곳에서 자연농법 레스토랑을 열 계획.

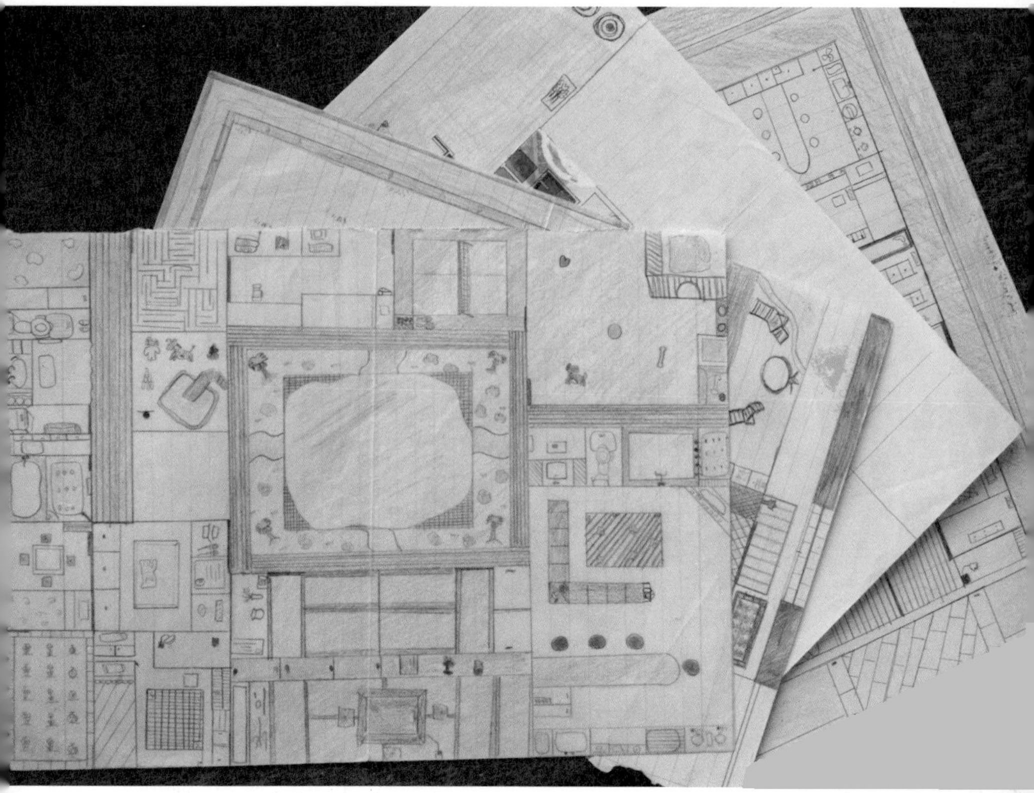

모토야마 씨가 초등학교 5학년 때 그린 '집'의 도면. 집 중앙에 수영장이 있는데, 지금의 집에 가로 세로 6미터의 수영장을 설치해 꿈을 이룬 셈이다.

안뜰에는 연꽃이. 생활용수는 우물에서 펌프로 퍼 올린다.

우물물을 긷고

태양열로 끓인 물로 목욕하고

집을 손수 만들고 농사를 짓는

일련의 생활들이

마치 사람과의 관계를 끊고 사는 것처럼

보일 수도 있지만

모토야마 씨는 사람이나

사회와의 관계도 중요하게 생각한다.

위의 눈이 무섭기 때문일 거예요. 저의 경우도 처음에는 주변의 비난이 심했어요. 하지만 나름의 방식대로 밀고나가자 부모님과 친척들도 점점 응원해 주셨어요."

원하는 대로 자유롭게 살아온 것처럼 보이는 모토야마 씨, 그 원동력은 어디서 나오는 것일까?

"자신과 진지하게 마주하면 조금씩 '해야 할 일'을 알게 돼요. 하지만 살다보면 나쁜 일도 생기죠. 그 때는 부정적으로 생각하기보다는 의미에 대해 생각해요. 어떤 일이든 이유가 있다고 생각하는 것이 제가 좋아하는 방식이에요. 그러면 힘든 일이 생겨도 힘들다는 생각이 들지 않죠."

어렸을 때 뭔가 하고 싶은 일이 있는데 주위 어른들이 반대한 적은 없는가? 하고 싶은 마음은 있지만 할 수 있을까 불안해 한 적은 없는가? 그럴 때 앞서 걸어간 사람이 있다면 '나도 할 수 있겠다'고 마음이 든든해진다. 모토야마 씨가 오두막 만들기를 가르친 아이들은 어떤 어른으로 자라게 될까? 벌써부터 그 성장이 기대된다.

인생은 '저지르는 사람이 주인'

'다양한 곳에 가보고 싶다. 일에 치여 살고 싶지 않다.' 그렇게 생각하는 사람이 많을 것이다. 마지막으로 모토야마 씨에게 어떻게 하면 자신이 바라는 방식대로 살 수 있는지 물었는데 그 대답은 매우 심플했다.

'저지르는 사람이 임자'라는 것이었다.

과감하게 원하는 환경으로 뛰어들거나 사회 궤도에서 벗어나는 것은 매우 두려운 일일지 모른다. 그러나 뛰어들면 생각보다 그럭저럭 헤쳐나갈 수 있다. 활동 초기의 야도카리도 이렇게까지 많은 독자들이 기사를 읽고 책을 낼 기회가 주어지고 이벤트로 많은 사람들 앞에서 이야기하게 될 거라고 생각지 못했다.

멤버들과 미팅 중에 가끔 '깃발을 꽂는다'는 표현을 한다. 누군가가 '무엇을 하고 싶다'고 깃발을 꽂으면 같은 뜻을 가진 사람이 모이는 표시가 된다. 우리는 '새롭고 풍요로운 삶을 일본에 퍼뜨리고 싶다'라는 깃발을 꽂았다. 처음에는 모인 사람이 적었지만 점차 반향이 늘면서 돕겠다는 사람이 나타났다. 사람이 사람을 불러 모으고 팔로어가 점점 늘면서 우리는 깃발의 중심에서 봐왔다.

모토야마 씨의 생활도 지금은 궤도에서 벗어난 삶처럼 보일지 모른다. '집은 기술자가 짓는 것', '학교 졸업 후에는 취직할 것'. 세상 사람들은 그것이 일반적이라고 생각하지만 과연 그것밖에는 길이 없을까? 그 길에서 벗어나 살면 안 될까? 모토야마 씨의 삶과 생활방식은 궤도 밖으로 벗어나도 괜찮다고 우리에게 가르쳐준다. 벗어날 것인지 벗어나지 않을 것인지의 선택 사이에는 수많은 착지점이 있다. 일하는 방법도, 사는 방법도, 집을 갖는 방법도 사람의 숫자만큼이나 원하는 대답이 다르다. 그것을 자기 것으로 만들지 말지는 각자의 선택이며 책임인 것이다.

제5장

집도 물건도 없이 매일 여행하듯 산다

니시하타 토시키 : 도쿄 도내에서 거주한 지 7년. 상장기업 매니저로 일하고 있다. 매일 게스트하우스, 캡슐 호텔 등 숙소를 옮기며 여행하듯 생활한 지 6개월. 가진 짐은 종이박스 2개가 전부.

매일 밤 거처를 찾아다니는
7년차 대기업 직장인

취재 전에 들은 이야기에 따르면 니시하타 씨는 정해진 거처가 없다. 즉 집이 없다는 말인데, 상장기업의 매니저로 일하면서 게스트하우스나 캡슐 호텔에서 자고 거기서 회사로 출근한다고 한다. 이 이야기를 처음 듣고 우리는 실례인 줄 알지만 '우와! 이상하고 재미있는 사람이다!'라고 생각했다.

물론 이런 말을 하는 우리도 다른 사람들 눈에는 이상해 보인다는 걸 모르는 바 아니다. 비즈니스 콘테스트에 참가했을 때 심사위원인 대기업 사장은 '인간의 욕구는 늘어나는 법이다. 자네들이 제안하는 작은 집은 그것에 반한다'고 평했고, 또 다른 비즈니스 콘테스트에서 타이니 하우스 마을을 많이 만들어 세계 각지를 네트워크화 하는 '타이니 하우스 빌리지' 구상을 발표하자 '엉뚱하다'며 딱 잘라 거절당한 적도 있다.

아무튼 그런 것은 제쳐두고, 니시하타 씨와 만난 것은 도쿄 역 야에스 출구에서 도보로 5분 거리에 있는 찻집 르누아르에서였다. 동족의식을 느껴서인지, 아니면 우리가 엉뚱한 인간이라서 그런지 우리는 똑같이 엉뚱한 사람들을 좋아한다.

클래식 음악이 흐르고 여기저기서 비즈니스 상담이 이뤄지는 찻집에서 어떤 사람일까, 기대하던 우리 앞에 흰 피부에 갸름한 얼굴의 청년이 사람 좋은 웃음을 보이며 나타났다.

가진 짐은 달랑 종이박스 2개뿐

여러분은 '집을 옮겨 다니며 사는 사람'이라고 하면 어떤 사람이 상상되는가? 세계를 누비는 크리에이터? 여행자? 운송업자? 아니면 그 정도로 생활이 어려운 사람?

니시하타 씨는 어엿한 대기업인 리크루트 그룹에서 관리직으로 일하며 매일 도쿄 시내 사무실로 출근한다. 대기업 관리직이라면 경제적인 곤궁함 때문은 아닐 터. 그런데 왜 집도 없이 매일 밤 숙소를 옮겨 다니는 걸까? 그가 어떤 생활을 하는지 아주 궁금했다.

니시하타 씨는 도쿄 도내의 캡슐 호텔이나 게스트하우스 등을 이용하며 매일 거처를 옮겨 다닌다. 기본적으로는 같은 곳에 연박하지 않고 매일 바꾼다고 한다. 집은 물론이고 꼭 필요한 물건 외에는 소유하지 않는 미니멀리스트이기도 하다.

니시하타 씨의 소지품은 현재 종이박스 2개 안에 다 들어있다. 두 개 중 하나는 회사에, 또 하나는 물품창고에 보관하는데 양복이나 Y셔츠, 구두 등 업무에 필요한 것은 회사 책상과 로커에 두고 갈아입을 옷과 컴퓨터, 도장, 약, 책처럼 개인적으로 필요한 것은 보자기에 넣어 다닌다.

"가지고 있는 비즈니스 백과 보스턴 백의 크기가 마땅치 않아 가방을 찾다가 보자기를 발견했어요. 보자기는 집을 없애던 시기부터 쓰기 시작했는데 물건이 없을 때는 작게 접어서 보관할 수 있어요. 강력 추천합니다."

책을 좋아하는 니시하타 씨는 꽤 많은 책을 가지고 있었지만 불필요한 책은 버리거나 부모님 댁에 보내고 한 번 더 읽고 싶은 책은 PDF 데이터로 클라우드 상에 보관한다. 책을 한 번 정리하고 난 뒤로는 전자책을 사는 경우가 많아졌다고 한다.

집이 없는 미니멀라이프는 가능할까?
가능하다!

니시하타 씨는 왜 이런 생활을 시작했을까?

"원래 단순한 생활에 대한 동경은 있었지만 올해 2월에 수술을 받은 것이 계기가 되었습니다. 큰 수술은 아니었지만 수술 후 2~3일 동안 집에서 안정을 취하라는 말을 들었어요. 침대에 누워 방을 멍하니 보니 필요 없는 물건들이 가득하더군요. 그래서 우선은 안 입는 옷부터 버리기 시작했어요. 버릴 때마다 조금씩 기분이 좋아지더라고요. 이것저것 버릴 수 있을 만큼 버렸는데도 별로 아쉽지 않았어요. 최종적으로 생활하는데 필요한 최소한의 물건은 뭘까 생각하다가, 집은 어떤가, 집이 없는 미니멀라이프도 가능할까? 호기심이 생겼어요."

단사리가 유행하고 물건에 얽매이지 않는 생활과 가치관을 선택하는 사람이 늘어나고 있다. 독자들 중에도 단사리를 실천하는 사람이 많을 것이다. 그러나 미니멀한 생활 끝에 집까지 처분하는 사람은 거의 없으리라 생각한다.

우리는 집이 있는 게 당연하다고 생각한다. '집은 정해진 장소에 있는 것', '호텔은 여행지에서 묵는 곳'. 그러나 니시하타 씨의 생활은 그 상식에서 벗어나있다. '호기심에 도내 이주생활을 시작했다'는 니시하타 씨, 그가 이렇게 행동할 수 있었던 배경은 뭘까? 좀더 자세하게 물어보았다.

"처음부터 집이 없어진다는 불안은 없었어요. 일단 시험해 보고 힘들면 집은 필요한 것이구나 하며 다시 원래의 생활로 돌아가면 된다고 생각했죠."

이주생활을 시작하기 전에 니시하타 씨는 미나토 구의 약 9평(30평방미터) 아파트에서 월세 12만 5,000엔에 살고 있었다. 현재의 거주 비용은 한 달에 약 10만 엔. 내역은 1박 3,000엔 전후의 숙박비와 짐을 보관하는 물품창고 요금이다. 숙박시설을 이용하기 때문에 광열비는 따로 들지 않는다.

"옛날부터 한 가지에 몰두하면 멈추지 않는 성격이었어요. 대학에서 정보공학을 공부했는데 프로그래밍을 좋아해서 매일 자는 시간을 아껴가며 몰두하기도 했죠. 연구실에 간이침대를 놓고 침낭에서 자기도 하고 학교 근처 목욕탕을 이용하기도 했어요. 제 안에서 '이거다!' 싶은 게 있으면 푹 빠져드는 경향이 있어요."

니시하타 씨는 오사카 출신으로 오사카부립대학을 졸업하고 교토대학교 대학원을 졸업 후 도쿄에서 생활한 지 현재 7년차이다.

"뭔가에 몰두할 뿐만 아니라 '이거다!'라고 생각하면 앞뒤 가리지 않고 뛰어드는 성격이기도 해요. 고등학생 때는 텔레비전 프로그램 '전파소년'에 빠져서 자전거로 야숙하며 2개월 동안 오사카에서 오키나와까지 갔던 적도 있어요. 저는 고등학교 때까지 제 침대가 아니면 잠을 못 자던 사람이었어요. 그걸 알면서도 떠났죠. 아니나 다를까 여행을 시작하고 처음 5일간은 잠을 못 잤어요. 지금의 생활을 선택한 것은 집이 없는 생활에 대한 흥미도 있었지만 도쿄의 여러 동네에서 살아보고 싶은 바람도 있었어요. 전철로 지나치기만 하던 역이 많았거든요. '도쿄의 살기 좋은 동네 랭킹'이라는 것이 있는데 살아본 적 없는 동네가 대부분이더라고요. 집이 없으면 여러 지역을 돌아다니며 살 수 있고, 직접 살아봐야만 알게 되는 것도 있다고 생각했죠. 그런 것에도 매력을 느껴 집을 없앤 거예요."

청소 등 집안일 할 필요없고
주거비는 오히려 줄어

날마다 생활의 거점을 옮기는 일상은 어떨까? 한 걸음 더 들어가 물어보았다. 직장인인 니시하타 씨가 거처를 옮겨 다니기 시작한 것은 2015년 4월. 매일 쉬는 시간에 호텔 검색 사이트를 통해 그날 묵을 곳을 예약한다.

"업무가 끝나는 시간이 불규칙하기 때문에 하루 스케줄은 일정하지 않아요. 숙박하는 비율은 캡슐 호텔이 70%, Airbnb 등을 통한 홈스테이가 20%, 나머지 10%는 친구 집에서 묵는 편이에요. 평일에는 그런 식으로 옮겨 다니고 주말에는 여자친구 집에서 지내요. 숙박지는 우선 '살기 좋은 곳 랭킹'을 참고해 안 가본 곳을 중심으로 선택합니다. 그 밖에는 잡다한 분위기의 술집 동네나 상가가 있는 동네도 좋아해서 그런 곳을 고르기도 하고요."

그런 생활이 변화가 있어 흥미로운 점도 있겠지만 불안정하거나 피로감을 느끼지는 않는지 물어보았다.

"의외로 쾌적해요. 호텔은 청소도 해주고 샤워시설과 전원, WiFi도 완비되어 있죠. 어디서든 잘 자는 건 학생 때 자전거 여행을 하면서 야숙했던 게 도움이 된 것 같아요. 여러 사람이 오가는 캡슐 호텔이나 게스트하우스지만 정착해서 살 때보다 혼자 있는 시간이 늘었어요. 업무시간이 긴 회사다보니 정착해서 살 때는 아무 생각 없이 잔업을 하곤 했는데 도내에서 옮겨 다니기 시작하면서부터는 너무 늦게 퇴근하면 식당도 문을 닫기 때문에 아침형 생활로 바꾸고 빨리 퇴근하려고 노력하고 있어요. 체크인을 끝내고 동네를 산책하면서 저녁식사도 할겸 술집에 들르기도 해요. 거기서 책을 읽거나 생각도 합니다. 그 시간이 몹시 즐거워요."

이야기를 듣다보니 이주생활의 장점도 많은 듯하다. 우선 청소나 식사 준비 같은 집안일을 할 필요가 없어 자유시간이 늘어날 것 같다. 세탁은 어떻게 하냐고 묻자 니시하타 씨는 지퍼락에 넣어 다니는 하루치 속옷을 보여주었다. 이렇게 빨랫감이 모이면 호텔이나 숙소 부근에 있는 코인 세탁소에서 세탁을 한다고 한다.

'숙박하는 비율은 캡슐 호텔이 70%, Airbnb 등을 이용한 홈스테이가 20%'라고 말하는 니시하타 씨.
(사진 중앙)

"이것저것 버릴 수 있을 만큼 버렸는데도

별로 아쉽지 않더라고요.

최종적으로 생활하는데 필요한, 최소한의 물건은 뭘까

생각하다가 집은 어떤가?

집이 없는 미니멀라이프도 가능할까?

호기심이 생겼어요."

사실 이런 생활을 하는 사람은 많지 않다. 아니 거의 없다는 것이 맞는 표현이 아닐까. 니시하타 씨 주변 사람들은 이런 생활에 대해 어떻게 이야기할까?

"집 없이 사는 것에 대해 주위 사람들에게 별로 말하지 않는 편입니다. 동료에게 이야기하는 경우도 있지만 이해받기 어려울 거라고 전제하고 말을 하죠. 주변의 동의를 얻겠다는 생각도 없고요. 괜히 이야기했다가 우스갯거리가 될 수도 있으니까요. 저는 옛날부터 대단하다는 말을 듣는 것보다 이상하다는 말을 듣는 게 좋았어요. 자랑하기 위해 이런 생활을 하는 것도 아니고, 제 생활에 대한 이야기가 사람들의 화젯거리가 된다면 그걸로 됐다는 마음이었으니까요. 가족에게는 페이스북을 통해 이 생활을 들켜버렸는데 아니나다를까 야단을 맞았습니다. '무슨 짓을 하고 다니는 거냐!'라고 말이죠. 상상하던 반응에 가까웠어요. 이렇게 인터뷰를 하고 책으로 나오면 또 부모님께 혼나지 않을까 조마조마합니다."

그렇게 말하며 니시하타 씨는 장난스럽게 웃어보였다. 스스로 괴짜라고 말하면서도 그 생활을 사랑하고 즐기는 모습이 좋아보였다.

생활이든 일이든 심플하게
필요충분한 상태의 미니멀라이프

어쨌든 홀가분하게, 최소한으로, 심플하게. 야도카리도 전 세계의 작은 집과 물건 없이 사는 방식을 웹 사이트를 통해 알리고 공유하고 있지만 아예 집을 없앤 니시하타 씨의 삶은 작은 생활의 극치라고 할 수 있다.

수많은 삶의 방식을 소개해 온 우리는 미니멀라이프가 스타일이 아니라 철학이나 삶의 방식 그 자체라고 생각한다. 무엇이 중요한가? 무엇을 곁에 두고 싶은가? 그것을 구체화한 곳에 각자의 미니멀라이프가 있을 것이다. 니시하타 씨는 어떤 경험 때문에 지금의 가치관을 형성하고 현재의 생활에 이르게 된 것일까?

"옛날부터 사물의 요소를 파고들어 심플하게 생각하는 습관이 있어요. 대신 기억력은 영 자신이 없어요. 사회나 국어는 당일치기로 공부하는 편이지만 수학만은 자신 있었죠. 기억력이 나빠 공식 같은 건 바로 잊었지만요. 수학은 기본 개념을 알고 있으면 공식을 외우지 못해도 스스로 도출할 수 있죠. 그래서 테스트마다 스스로 공식을 도출해서 문제를 풀었어요."

자신의 약점을 강점으로 바꾸고 수학을 통해 낭비를 줄이고 심플하게 생각하는 법을 배운 니시하타 씨. 대학에 들어가면서 수학 이외의 책을 읽게 되면서 이 생각이 모든 것에 적용될 수 있다는 것을 알게 되었다.

"계기가 된 것이 레비 스트로스의 '문화인류학' 책이었어요. 그 책을 통해 문화적으로 미개한 민족에게도 혼인 규칙의 질서가 있고 호혜적인 증여가 있다는 것을 알게 됐어요. 타민족끼리의 교류가 거의 없는 지역에서 말이죠. 그 때 인간이 생각하는 것에는 공통되는 근본적인 무엇인가가 있지 않을까 하는 생각이 들었어요. 표면이 아니라 내면에는 '공통되는 무언가 있다'는 생각이 들었죠. 신기하게 자연과학책을 읽어도 철학책을 읽어도 그런 느낌이 들었어요. 어떤 학문이든 지엽적인 부분을 생략하면 마침내 통하는 곳이 있더군요. 저는 더욱 더 사물의 근본과 핵심이 되는 부분을 알고 싶다는 생각이 강해졌어요."

그런 가치관이 라이프 스타일에까지 영향을 주기 시작한 것은 몇 년 전의 일이었다. 니시하타 씨는 3박 4일의 선종 수행 체험을 계기로 삶의 방식을 보다 검소하고 심플하게 바꾸고 싶다는 생각을 하게 되었다.

"불교 수행이란 사물에 대해 집착을 없애는 훈련입니다. 수행 체험은 매우 의미 있는 일이었는데 그런 훈련은 출가를 해야만 할 수 있는 것인가? 하는 생각이 들었어요. 사회생활을 하면서도 집착을 없애고 심플하게 살고 싶다고 생각했죠. 제가 단사리에 빠지고 생활의 거점을 없앤 것은 이 체험의 영향이 컸어요."

물건에 대한 집착뿐 아니라 돈에도 그다지 집착하지 않는다는 니시하타 씨는 많은 물건이 아니라 꼭 필요하고 좋은 물건을 사서 오래 사용하고 싶다고 말한다.

얼마 전 여자 친구와 여행지에서 산 물건은 700년 전부터 칼을 만들어 온 공방에서 만든 '기쿠이치몬지(菊一文字)'라는 부엌칼이다. 전통이 있는 물건, 제작자의 지혜가 응축된 물건, '이것을 평생 쓰겠다!'고 할 정도로 애착이 가는 물건을 주변에 두고 싶다고 한다.

"저에게 여분의 물건은 범용성이 없는 물건입니다. 예컨대 필러는 부엌칼을 제대로 사용할 수 있으면 필요 없는 물건이잖아요? 그런 물건은 갖고 싶지 않아요. 생활에서든 일에서든 아주 심플하게 필요 충분한 상태가 좋다고 생각하기 때문에 무의식적으로 그런 상황을 추구하는 것 같아요."

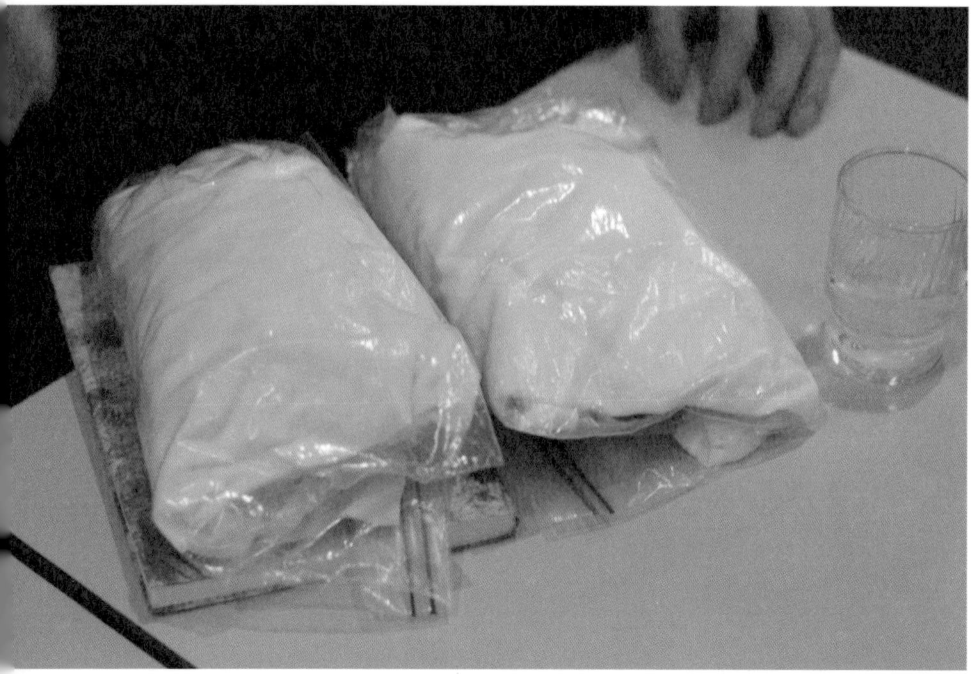

지퍼락에 하루치 속옷을 챙겨 다닌다. 빨랫감이 모이면 숙박하는 곳 근처의 코인세탁기를 이용한다.

"집이란 '사람이 있는' 장소예요.

방에 혼자 우두커니 있는 건 집이 아니죠.

도쿄에 사는 7년 동안 4번의 이사를 하고

다양한 방에서 살았지만

어느 곳도 마음이 편하지 않았어요."

실험적 생활의 결론
'집이란 사람이 있는 곳'

니시하타 씨는 여자친구와 결혼을 하면 집이 있는 생활로 돌아갈 것이라고 한다. 이주생활을 하기 전부터 사귀어온 여자친구가 있었다고. 약 6개월 동안 도쿄도 여기저기를 옮겨다니며 살아온 니시하타 씨, 앞으로 정착생활을 하게 될 텐데 마음은 어떨까?

"도내를 전전하던 기간은 매일이 비일상이어서 마치 여행하는 느낌이었어요. 이 생활을 한지도 6개월이라 집이 없다는 것에 대한 불안은 없어요. 옮겨 다니는 것에 익숙해졌죠. 평소에는 생각지 않던 것들에 대해서도 생각하게 되었고요. 일상을 지내다보면 일이나 취미에 대해서만 생각하기 쉽잖아요. 하지만 지금은 혼자서 멍하니 생각하는 시간이 늘었기 때문에 인생이란 무엇일까, 앞으로 어떻게 살아갈까, 어떤 의미에서는 철학적으로 제 인생에 대해 생각하는 시간이 많아졌어요. 예컨대 한가하다는 것은 무엇인가, 풍요로움이란 무엇인가, 이런 생각을 하고 관련 책을 읽거나 지금까지와는 다른 분야를 생각하게 돼죠. 여자친구와는 그런 생각을 공유하면서 함께 갈 수 있을 거란 생각이 들어 결혼하기로 결심했어요."

주말에 여자친구의 집에 놀러가기도 하는데, 한번은 감기에 걸려 그녀의 집에 묵게 되었을 때는 깊은 고마움을 느꼈다고 한다.

"저희 부모님은 농사를 지어요. 가족들도 언젠가는 돌아오라고 늘 말하죠. 도시보다는 전원생활을 좋아해서 저도 그러고 싶은 마음이 굴뚝같아요. 그래서 도쿄에 사는 시간은 '임시 생활'이라는 느낌이 들었던 것 같아요. 일을 끝내고 집으로 돌아갈 때도 집에 돌아가는 느낌이 아니었어요. 원래부터 집에 대한 생각이 남들과 달랐는지도 모르겠어요. 저에게 집이란 '사람이 있는 장소'예요. 방에 혼자 우두커니 있는 건 집이 아니죠. 도쿄에 사는 7년 동안 4번의 이사를 하고 다양한 방에서 살았지만, 어느 곳도 마음이 편안하지 않았어요. 그동안 마음 편한 장소를 계속 찾고 있었던 것 같아요."

결혼한 후에는 아파트를 빌려 살 예정인 니시하타 씨. 눈에 보이는 곳에 물건이 놓여 있으면 거슬리는 성격이라 그녀에게 '집 청소는 내가 할게!'라고 부탁했다고 하는데, 여자 친구도 기본적인 가치관이 비슷해 오래 사용할 수 있는 좋은 물건을 선택하는 듯 보였다.

니시하타 씨에게 기분 좋은 집이란 방의 넓이나 그 집에 어떤 물건이 놓여 있는지에 따라 결정되는 것이 아니라 '마음 편한 사람이 있는 곳'이 아닐까 싶다.

호기심에서 시작된 니시하타 씨의 이주생활은 동반자와 함께 산다는 결말로 끝을 내게 되었다. 그러나 앞으로 마음 편한 곳을 찾아 계속 행동할지도 모른다. 어떤 곳에서 살든 편안한 동반자가 옆에 있는 니시하타 씨에게는 행복한 생활이 기다리고 있으리라 생각한다.

궁극의 미니멀라이프

집까지 없어도 충분한 생활을 하다

도쿄역 근처 르누아르에서 이야기를 나눈 후 니시하타 씨는 보자기를 한 손에 가볍게 들고 술집 네온사인이 이어진 거리로 사라졌다. 오늘도 어딘가의 숙소에서 밤을 맞이하고 다음날 출근하겠지. 오늘밤도 술집에서 인생에 관해 이것저것 생각하며 한잔 할지도 모른다.

집이 없으면 생활이 안 된다고 생각하는 사람이 많을 것이다. 하지만 집 없는 생활을 실천하며 그것에 대해 이야기하는 니시하타 씨의 얼굴은 밝고 활기찼다. 그 표정을 보면서 거처를 옮기며 사는 삶을 통해 얻을 수 있는 것이 적지 않다는 것을 알 수 있었다.

우리 부모세대는 2차 세계대전 후의 부흥을 위해 물질적으로나 경제적으로 풍요로워지려고 애써온 세대다. 그러나 자녀 세대인 20~30대의 젊은이들은 어릴 적부터 텔레비전과 세탁기, 깨끗한 집이 있는 것이 당연한 세대였다.

젊은 세대는 어른이 되는 과정 중에 텔레비전 게임이 등장했고 휴대전화가 보급되었고 인터넷이 등장해 전 세계의 정보를 접할 수 있게 되었다. 지금까지 눈에 보이지 않았던 다양한 삶의 방식을 접할 기회가 늘었고 많은 상식이 축적되어 왔다.

니시하타 씨의 생활은 대량소비사회에 대한 대항문화로 평가할 수도 있을 것이다. 우리의 삶은 다양한 것에 얽매여있다. 집을 사면 그 장소에 얽매이고, 물건을 사면 공간을 점유당하고 물건에 집착이 생긴다. 소유물은 종이박스 2개로 줄이고 생활의 거점인 집까지 없애버린 니시하타 씨의 생활은 지나치게 실험적인 것일지도 모른다. 하지만 그는 물건에 얽매이지 않고 이렇게까지 가벼워질 수 있다는 모범을 우리에게 보여줬다.

예전에는 일부 광적인 사람들만이 추종하던 '오타쿠 문화'가 지금은 '쿨

재팬'이라는 이름으로 전 세계인에게 받아들여지는 것처럼 새로운 상식은 낡은 상식에 위화감을 품은 사람이 행동을 시작하고 추종자가 증가함으로써 큰 물결을 이루게 된다.

니시하타 씨가 사는 방식이 주류가 될 가능성이 크다고 할 수는 없다. 그러나 그의 실험적인 생활은 물건과 집과 풍요함의 관계를 다시 한 번 생각해보는 계기가 되었다.

제6장

동일본 대지진을 계기로 삶을 되돌아보다

늘 늦은 퇴근
'나는 행복한가?'

야도카리를 만들고 공동대표로 활동하는 '사와다 잇세이'와 '우에스기 세이타', 두 사람은 같은 회사에서 일하던 동료였다. IT 벤처회사인 데지파 주식회사에서 사와다는 디자이너로, 우에스기는 영업 담당자로 일했다. 매일 아침부터 밤까지 일하고 회사 의자에서 3시간 정도 쪽잠을 자고 이튿날 일을 시작하는 경우도 있었다.

그 후 사와다는 웹 디자이너로 독립하고 우에스기는 회사에 남았다. 지금이야 두 사람 모두 돈이나 성공과는 거리가 있지만 당시에는 출세 지향적이었다고 한다. 심지어 사와다는 집에 '달성하자 연봉 ○○억 엔!'을 써 붙여 놓을 정도였다고. 우에스기는 변함없이 격무에 시달렸고 사와다도 웹 디자이너로서 바쁜 날들을 보냈다. 보람과 즐거움을 느끼는 일이었지만 막차를 놓치고 오밤중에 사무실에 앉아 컴퓨터를 보며 '지금 난 행복한가?'라는 의문을 품을 때도 있었다. 당시를 떠올리며 우에스기는 이렇게 말한다. "매일 일하러 나가기는 했지만 점점 마음이 닳아서 없어지는 느낌이 들었어요."

변함없이 바쁜 나날을 보내던 중에 동일본 대지진이 일어났다. 대부분의 사람들은 재해로 충격을 받았고 두 사람에게도 그것은 큰 사건이었다. "뉴스를 통해 해일로 집과 일상과 도시가 파괴되는 것을 보면서 얼마나 위험하고 어이없는 것이었는지 깨달았습니다. 하지만 출근하지 않을 순 없었죠. 전철을 타고 회사에 가서 워커홀릭처럼 일했어요. 그러다 문득 내가 왜 이러고 사나 하는 생각이 들었어요." 마음까지 소진하며 일하는 대가로 수입이 오르고 가질 수 있는 것도 많아지겠지만 과연 그것이 진정한 풍요일까? 두 사람 사이에 그런 의문이 스멀스멀 솟아올랐다.

사와다가 독립하고 나서도 교류를 이어가던 두 사람은 동료들과 가끔 모이곤 했다. 연애와 결혼, 일과 생활에 대해 두서없이 이야기하던 중 '회사일과 다른 뭔가를 하고 싶다, 컴퓨터로 하는 일 말고 내 손으로 뭔가를 만들고 싶다'는 이야기가 나왔고, 두 사람은 가구 만드는 목공교실에 다니게 되었다.

야도카리는 목공교실을 마치고 들른 패밀리 레스토랑에서 결성되었다. "목공교실에 갈 때마다 귀갓길에 근처 패밀리 레스토랑에서 우에스기 씨와 이야기를 나눴습니다. 대부분은 소소한 얘기들이었는데, 그 날은 재해시 쓰이는 임시주택이 새로운 삶의 방식으로 이어지지 않을까 하는 생각이 들어 그걸 우에스기 씨에게 말했죠. 나중에 집을 살 때 이 정도 크기면 되지 않을까 하고 말이죠. 작지만 부부 둘이서 지낼만하고, 아이가 생기면 같은 크기의 집을 지으면 되니까요. 비용도 보통 집보다 훨씬 싸게 들 것 같고, 삶의 방식을 재조정해 악착같이 일하지 않고도 살 수 있지 않을까 생각했습니다." 우에스기도 그 아이디어에 공감했고 두 사람은 인터넷에서 해외에 타이니 하우스 사례가 꽤 있다는 것을 알게 되었다. 그리고 정보를 페이스북에 올리기 시작했다. '바쁘게 일해서 얻을 수 있는 물질적인 풍요가 정말로 자신을 풍요롭게 만들어 주는가' 하는 의문이 야도카리의 출발점이었다.

"지극히 작은 집을 지어보자"
야도카리의 시작

활동을 시작하던 초기에는 미디어화에 대한 생각 없이 작은 집이나 이동할 수 있는 집, 전기와 물을 자급자족하는 집 등 새로운 삶의 방식과 재미있는 집을 해외 사이트에서 찾아내 지속적으로 업데이트했다. 회사 업무가 끝난 밤 12시부터 새벽 3시까지 두 사람이 교대로 매일 업데이트를 했다. 힘들었지만 정말 즐거웠다. 우리가 소개하는 새로운 거주방식이 많은 사람들의 생활을 바꾸어 줄 수 있으리라는 근거 없는 확신이 있었기 때문이다. 페이스북 이름은 모바일 하우스와 집을 바꾼다는 이미지를 담아 '야도카리'로 정했다. 막연한 자신감을 가지고 열심히 뛴 결과 3개월 후쯤부터 '좋아요!'가 조금씩 달리기 시작했다.

페이스북을 시작하고 6개월 후에 '미래거주방법회의'라는 이름의 홈페이지를 개설했다. 이름에 담겨있는 의미는 두 가지다. 첫째는 미래의 새로운 거주방식을 만들어 갈 힌트를 이야기하겠다는 것. 또 하나는 미래의 새로운 거주방식을 독자와 고민해나가겠다는 것. 둘이서 매일 기사를 업데이트하는 동안 꾸준히 독자가 늘면서 '좋아요!' 수가 약 7만 개에 달했고 기사를 하나 공개하면 '어디서 살 수 있습니까?', '얼마입니까?'에서부터 '참고해서 직접 지어보겠습니다' 등 다양한 댓글이 달렸다. 이렇게까지 반응이 있으리라고는 생각지 못했는데 작은 집에 흥미를 가진 사람이 이렇게 많다니 놀랍고 기쁜 하루하루였다.

미래의 새로운 거주방식을 만들어 가는 야도카리 서포터즈들

우리가 운영하는 페이스북 페이지에는 '야도카리 서포터즈' 가 있다. 이는 '미래거주방법회의'와 같은 시기에 시작한 것으로 독자들끼리 교류의 장이다. 현재는 약 2천 명의 멤버가 참여하고 있는데, 해외 유학생이나 지방과 도시를 오가며 2거점 거주를 하는 이, 건축가, 디자이너 등 사는 곳도 직업도 아주 다양하다. 기본적으로 우리 활동보고가 중심이지만 직접 지은 오두막을 소개하거나 DIY와 리노베이션 방법을 공유하는 등 독자들끼리의 교류도 많아졌다.

웹 사이트에 기사를 쓰는 작가도 이 그룹을 통해 신청한 이가 많고, 이 책에 소개된 대부분은 야도카리 서포터즈 그룹의 멤버로부터 소개받은 이들이다. 때로는 그룹을 통해 일거리가 들어오기도 한다.

2014년에는 서포터즈 그룹 안에 오두막을 짓는 '야도카리 오두막부' 동아리가 생겼다. 소규모 가게를 하는 '야도카리 소상공부' 등 몇 개의 동아리가 있는데, '야도카리 오두막부'가 가장 활발하게 활동하고 있다. 2014년 봄에 발족해 6개월 만에 7채의 오두막을 시공하였다.

외부의 서포터뿐 아니라 내부에서 활동하는 이들도 늘어났다. 자기 생활을 기사로 소개하는 오리지널 테마 작가들이 있다. 아마미 군도에 사는 소설가 미타니 아키코 씨는 여성 혼자 섬에 이주해 사는 모습을 소개하고, 도내에서 편집자로 일하는 기무라 카즈타카 씨는 트리 하우스를 짓는 워크숍 과정을 집필하였다. 그 밖에도 자전거로 세계일주 중인 구마가이 켄스케 씨와 정글 마라톤에 참가한 와카오카 타쿠야 씨 등 다양한 이들이 새로운 거주방식의 사례를 소개하고 있다.

야도카리의 활동 폭이 넓어지면서 멤버들의 생활방식도 함께 변하고 있다. 우에스기는 최근 18평 아파트에서 8평 집으로 이사해 미니멀라이프를 실천하고 있다. 이사 후 집세는 절반으로, 전기 요금은 60퍼센트로 줄었고, 물건도 반으로 줄였다. 가족이 한 방에서 나란히 누워 자고, 아내와 식탁에 마주 앉아 일하는 작은 생활을 하면서 대화량이 3배로 늘었다. 최근 아이가 태어났는데 좀더 자라면 작은 집을 갖고 싶다고 한다.

사와다도 디자이너로 일할 때는 에비스의 넓은 아파트에 살았지만 지금은 즈시에 있는 50년 된 12평 단층집에 산다. 정원이 딸려있고 지역 주민들이나 경관도 여유로운 분위기다. 부인은 정원을 가꾸는가 하면 딸도 뜰에서 지렁이를 찾아내 노는 등 즈시에 이사한 후 가족의 의식에도 변화가 있다. 사와다 자신도 일이든 수입이든 위로 올라가기만 하려던 생각에서 벗어나 주변 사람들과 커뮤니티를 만들어 이벤트를 하거나 물건을 만드는 등 돈보다 좋아하는 사람과 좋아하는 것을 만드는 방향으로 바뀌고 있다.

이런 가치관 변화에 대해 사와다는 이렇게 말한다. “물질적으로 풍요롭더라도 혼자 사는 건 행복이 아닙니다. 물건이나 돈이 없어졌을 때 도와주는 사람이 없죠. 여러 가지를 나누면서 사느라 지금보다 생활수준이 떨어진다고 해도 함께 살아가는 것이 행복이 아닐까요. 우리도 그렇지만, 30대 젊은이들도 돈 이외의 가치에 대해 깨닫기 시작한 것 같아요. 우리가 가진 기술을 다른 사람을 돕는데 쓰고 싶고, 우리가 가진 것과 여러분이 가진 것을 서로 나누고 싶어요.”

함께 즐기며
오두막집을 짓는다

흔히 오두막하면 헛간 같은 것을 상상하는데 여기서 말하는 ‘오두막’은 사람이 살 수 있는 크기이다. 2014년에 도쿄 도라노몬에서 개최된 일본 최초의 ‘오두막 전시장’에서 14채의 오두막이 전시된 것을 시작으로 2015년에는 나가노 현 치노 시에서 16채의 오두막을 전시하는 ‘오두막 페스티벌’에 1만5천 명이 방문하였다. 아울러 2015년 10월 현재, 무인양품이 일본을 대표하는 디자이너 후카사와 나오토 씨 등과 함께 새로운 형태의 ‘오두막’을 제안하는 프로젝트 ‘MUJI HUT’의 오두막을 전시 중이다. 작아도 좋으니 편하게 생활할 수 있는 자신의 공간을 갖고 싶어 하는 사람이 잠재적으로 많기 때문에 그것이 '오두막 운동'의 인기 원동력이 되는 게 아닐까?

현대사회에서 집은 전문 지식을 가진 사람에게 의뢰해 짓는 것이 당연하다. 큰 집을 아름답게 짓는 데는 확실히 고도의 지식과 기술이 필요하다. 그러나 오두막이라면 어떨까? 이 책에서 소개한 모토야마 씨처럼 직접 집을 짓는 경우도 있고, 타이니 하우스 운동이 시작된 미국을 비롯해 세계 각지에서도 직접 집을 짓거나 리노베이션 하는 사람이 늘고 있다. 그렇다면 우리도 작은 집이나 오두막 정도는 지을 수 있지 않을까? 야도카리 서포터즈들끼리 이런 이야기를 공유하면서 야도카리 오두막부가 시작되었다.

오두막부의 참여자들은 대부분 DIY에 관심있지만 못 한번 박아본 적 없거나 전동 톱 같은 건 생전 처음 본다는 사람도 많다. 작다고 하지만 오두막을 짓는 데에도 설계도와 공구가 필요하고 시공 기술도 필요하다. DIY 경험이 없는 이들이 오두막을 짓기 위해 전문가의 협조가 필요했다. 다행히 야도카리의 팬 사이트인 '야도카리 서포터즈'에 일급 건축가와 시공업체 대표 등 다채로운 멤버가 모여 있었다. 전문가의 힘을 빌려 설계도를 그릴 수 있었고, 오두막 시공 현장에는 시공업체 기술자가 와서 기술지도와 시공 과정을 도와줬다. 현장에서는 목재에 밑그림을 그리고 전동톱으로 자르고 임펙트 드라이버로 나사를 박아 오두막을 만든다. 경험이 부족한 이는 나사를 박는 등의 간단한 작업을 하지만 충분히 만족하였다.

참가자는 시공현장에서 DIY 기술을 배울 수 있고 오두막 주인은 시공비가 들지 않기 때문에 저렴한 비용으로 집을 지을 수 있다. 집짓기 전문가는 기술을 가르쳐주는 대신 어느 정도 자유롭게 오두막을 지을 수 있는 기회를 얻는다. 이처럼 야도카리 오두막부 활동은 참가자 모두 윈 - 윈 하는 순환구조로 되어 있다.

오두막부 활동에는 매회 많은 참가자가 모인다. 도쿄 도라노몬의 오두막 전시장에 야도카리 오두막부도 참가했는데 총 32명 중 60퍼센트가 여성이었다. 다른 오두막 시공 현장에도 하루에 평균 6~8명 정도가 모였다. 오두막부는 시공업체가 아니기 때문에 건축주도 작업을 돕는 것이 규칙이다.

작업은 빠르면 아침 10시부터 시작해 저녁 6시경까지 진행된다. 참가자가 모이는 시간은 제각각인데, 각자 편한 시간에 와서 3~6시간 작업하고 돌아간다. 오두막부에서는 설계와 시공 전문가에게는 돈을 지불하지만 참가자에게는 돈을 지불하지 않는다. 주말의 귀한 시간을 내가며 사람들이 모이는 이유는 무엇일까?

우선 '집을 직접 짓거나 고치고 싶다'는 사람이 늘고 있다는 것. 근래에는 여성들의 DIY 활동이 텔레비전이나 잡지에 소개되면서 DIY가 '대중적이고 재미있는 것'이라는 이미지가 퍼지고 있다. 그 연장선상에 '실내장식은 물론이고 집도 내 손으로 짓고 싶다'는 이들이 많아진 것은 아닐까? 집짓기 기술을 익혀 재해가 나서 사회 기능이 멈추더라고 살 곳을 만들겠다는 생존의 이유로 동아리에 참여하는 경우도 있다.

경제적인 이유도 하나일 것이다. 가게나 집을 갖고 싶은 사람들이 건축비를 줄이기 위해 DIY 기술을 배우러 오는 경우도 있다. 바닥 교체나 페인트 칠도 시공업체에 맡기면 빠르고 깔끔하게 완성되지만 그만큼 비용은 비싸진다. 하지만 직접 하거나 동료들끼리 도우면 재료비만 있어도 가능하다.

또한 참여하는 동안 오두막 만들기가 취미가 되거나 동아리 사람과 교류를 즐기게 된 사람도 있다. 현재 10채 이상의 오두막을 짓는 동안 남녀노소의 다양한 이들이 참가하였다. 학생부터 샐러리맨, 설계 사무소 직원이 '시공 현장을 배우고 싶다'며 참가하거나 목수와 기술자가 자원봉사로 참가하는 경우도 있다. 어떤 건축학도는 시공을 도우러 온 시공업체에서 아르바이트를 시작했고, 전근을 하는 김에 그 지역에 오두막을 짓겠다는 계획을 세우는 등 참가자들끼리의 수평적 유대관계도 넓어지고 있다.

내손으로 집을 짓는
즐거움과 만족감

오두막부에 모인 사람에게 참가 이유를 물어 보면 '내 손으로 물건을 만들어 보고 싶다'는 경우가 많다. 현대인들이 직접 물건을 만들 기회가 줄어들기 때문인 듯하다.

초등학교 때 했던 공작이나 기술 수업을 기억하는가? 처음 보는 화구나 재료를 가지고 악전고투하며 완성했을 때 뭐라 말할 수 없는 만족감을 느꼈던 경험. 야도카리 오두막부 참가자 대다수가 '즐거웠다'며 돌아가는 것을 보면 어른이 되어서도 내손으로 무엇인가를 만드는 즐거움이나 기쁨은 변함이 없다고 생각한다. 참가자들은 마루를 깔고 벽을 세우고 지붕을 덮으면서 오두막이 완성되는 과정을 보며 환호성을 터뜨린다. 그리고 직접 집을 만드는 즐거움을 주변 사람들과 공유한다. 오두막을 짓는 것은 우리가 어렸을 때 열중하던 '블록 쌓기 놀이'와 비슷한 것 같기도 하다.

커뮤니티 빌드를 통해 유대와 연결을 만들어가다

오두막부 활동의 핵심은 '함께 짓기'인데 이러한 방식을 '커뮤니티 빌드'라고 한다. 오두막부가 실천하는 커뮤니티 빌드에는 두 가지 의미가 있다. 첫째는 '커뮤니티를 만들어 건축(빌드)하다'는 의미다. DIY를 좋아하는 사람과 오두막을 짓고 싶어하는 이들을 SNS로 연결해주고 근처에 프로젝트가 있으면 자원봉사를 하러 간다. 그곳에서 시공 기술을 배우고, 자신이 집을 지을 때는 유대관계가 있는 사람들에게 도움을 받는 방식이다. 둘째는 '커뮤니티를 구축(빌드)해 나간다'는 의미다. 오두막을 짓는 과정에서 만들어진 커뮤니티의 연결고리는 이웃과 지역사회로 파급되어 더욱 커진다. 고독해지기 쉬운 셀프 빌드의 작업과 책임을 동료나 지역사회와 함께 나누고 리스크와 성과를 공유한다는 사고방식이다.

오두막부 부장인 가라시나 씨는 이렇게 말한다. "오두막을 짓는 동안 현지 주민들이 흥미로워하며 구경합니다. 보통은 현지 주민들과 무슨 이야기를 해야 좋을지 잘 모르잖아요? 하지만 작업 중에 '뭐해요?'라며 말을 붙이거나 '여기는 이러는 게 좋아'라며 시공에 조언해 주는 경우도 있어요. 오두막이 사람과 사람을 중개하는 역할을 하는 거죠. 오두막이 매개가 되어 사람들끼리 연결되는 것이 커뮤니티 빌드의 재미입니다."

지식이나 기술이 없는 상태에서 혼자 오두막을 짓는 것은 힘들다. 반면에 커뮤니티 빌드로 오두막을 지으면 지식과 기술을 서로 가르쳐주고 공구를 빌리거나 건축비와 재료를 서로 공유할 수도 있다. 고민에 부딪히거나 문제가 생겼을 때도 함께 할 동료가 있으면 든든한 법이다.

오두막 짓기의 전 과정

최근 지은 쇼난 하야마의 가든셰드(정원에 두는 오두막)를 예로 오두막 짓는 과정을 간단히 소개할까 한다. 바닥 면적 2미터×2미터 정도의 작은 오두막은, 우선 토대 만들기부터 시작한다. 건물 설치면의 강도와 수평을 확보하기 위해 콘크리트로 토대를 만든다. 바닥의 수평을 맞추는 것은 중요한 작업이다. 토대 만들기에는 다양한 기법이 있는데 하야마 오두막은 큐브 모양의 시멘트 블록(핀콜로)을 사용했다. 오두막을 지면에 바로 올리면 바닥면이 부식될 우려가 있으므로 핀콜로를 이용해 바닥과 약간의 거리를 둔다. 우선 실(수평을 잡기 위한 실)로 오두막의 네 변을 잰 후 다시 수평을 계측해 높이를 설정한다(이 작업을 '규준매기'라고 한다). 이렇게 바닥면의 위치를 결정한 후 네 귀퉁이에 구멍을 파고 자갈과 시멘트 순으로 부은 뒤 수평을 확인하면서 핀콜로를 실의 높이까지 가라앉혀 고정시킨다.

다음은 패널 만들기. 오두막부에서 만드는 오두막은 시공 경험이 적은 사람도 쉽게 만들 수 있도록 투바이포 공법을 응용한 경우가 많다. 패널용 목재는 홈센터에서 구입한 긴 목재를 전동 원형톱으로 잘라 사각 프레임을 만들고 강도를 높이기 위해 목재와 목재 사이에 보강재를 몇 개 걸친다. 완성한 프레임 표면에는 베니어판을 붙이고 바닥, 벽, 지붕 각 부분을 만든다.

패널이 완성되면 조립이다. 패널은 임펙트 드라이버로 나사를 박아 서로 접합시키고, 면을 접합하면 오두막의 윤곽이 드러난다. 이 공정을 보고 있으면 가슴 두근거린다. 바닥과 벽을 완성한 다음 지붕을 설치한다. 바깥에 두는 오두막일 경우에는 벽면에 일반 주택용 방수시트를 사용한다.

마지막으로 외장과 마감처리를 한다. 외벽재를 페인트칠해 패널에 고정시키고 문과 창문 등의 창호를 설치한다. 외장에 사용하는 문과 창문, 외벽재 등은 집을 해체하는 현장에서 얻은 것을 사용하는 경우도 있다. 고재에는 독특한 느낌이 있어 오두막에 악센트를 더해주므로 만약 오두막을 짓는다면 사용해 보기를 추천한다. 이번 오두막은 주말을 이용해 총 4일 만에 하루 3~4명이 참가하여 완성하였다.

간단하게 오두막 만드는 방법을 설명하였는데, 어떤가? 생각보다 간단하지 않은가? 이번에는 시공 전문가가 시공현장에 참여해 작업이 빨리 끝났는데, 지식이 전혀 없는 상태에서 동료와 함께 공부하며 지을 경우 한 달 정도 걸린다. 물론 처음부터 목수처럼 예쁘고 능숙하게 짓기는 힘들지만 오두막이니까 몇 번이라도 지을 수 있고 기술과 지식은 자연스럽게 배우게 된다. 작은 집짓기 법을 자세히 설명한 책도 나와 있으니 여러 가지를 조사하고 동료와 함께 지어 보는 것은 어떨까?

오두막부 활동에 참가하면 손과 몸을 움직이는 즐거움과 결과물을 공유하는 기쁨을 느끼게 된다. 우리 멤버들도 '집이란 직접 지을 수 있는 것'이라는 걸 알면서도 실제 짓기 전까지는 실감이 나지 않았다. 하지만 직접 지어 보니 힘든 일도 있었지만 비교적 순조롭게 할 수 있었다. 부원들과 함께 의논하고 시공 전문가에게 여러 기술을 배울 수 있었기 때문일 것이다.

이렇게 말하는 우리 역시 평소에 컴퓨터만 할 줄 알았지 시공 경험은 거의 없었다. 못을 박다가 구부러뜨리거나 목재를 자를 때 짧게 잘라 버리는 실수도 많이 했다. 직업이었다면 야단을 맞았을 상황이지만 동아리 활동이었기 때문에 모두 웃으며 용서해준다. 그런 식으로 현장경험을 쌓으면서 조금씩 요령을 알게 돼 지금은 꽤나 순조롭게 작업을 이어갈 수 있게 되었다.

이 사진은 타이니 하우스 빌더 TREE HEADS&CO.의 다케우치 유이치 씨가 중심이 되어 개최한 워크숍 모습이다. 2주에 한 번 이틀 동안 총 6회에 걸쳐 매회 강사를 초빙해 배우면서 타이니 하우스를 만들었다. 2014년에는 참가인원 12명이 PICA 야마나카호 빌리지에서 워크숍을 가졌다. 도중에 미국에 특별 주문한 새시가 늦게 도착하는 문제가 있었지만 6개월에 걸친 워크숍 마지막 날 피로연 당일 오후에 무사히 완성. 모두가 웃으며 완성을 축하했다. 이 경험을 바탕으로 각자가 꿈에 그리는 생활을 실현해 갈 것이다. Photo : Ben Matsunaaa

OPEN
HOUSE
DAY

더욱 자유로운 집을

4평 타이니 하우스를 만들기까지

2.4미터×4미터의 창에는 페어 유리를 설치. 오두막이지만 디자인과 쾌적성은 타협하고 싶지 않다. 제작은 공장에서 완료.

야도카리는 그동안의 경험을 바탕으로 타이니 하우스 INSPIRATION을 만들었다. 일본에서는 아직 흔치 않은 타이니 하우스로, 야도카리가 기획·판매한다. 바닥 면적 4평(13.4평방미터)의 작은 집으로, 부엌, 환기팬, 샤워부스, 화장실, 콘센트, 조명 등 생활에 필요한 미니멈 기능을 갖추고 있다. 구입은 250만 엔부터 가능하다.

현실에서 찾기 어려운 작은 집
우리가 직접 만들어 보자!

타이니 하우스를 만들고 싶다는 구상은 야도카리 발족 초기부터 있었다. 우리는 활동 초부터 '신축을 살 것인가', '비싼 집세를 낼 것인가'가 아닌 다른 선택지를 만들기 위해 활동해 왔다. 작게 살면 좀 더 창조적으로 좀 더 자유로운 시간을 만들 수 있다. 그런 확신은 있었지만 작은 집을 구입하는 것도 짓는 것도 일본에서는 전례가 없고 어려운 일이었다. 그래서 언젠가 우리 손으로 집을 기획·판매할 필요가 있겠다고 생각했다.

화물용 컨테이너를 활용해 집짓는 제작업체와 접촉하거나 건축가에게 작은 집을 짓고 싶다는 이야기를 하면 대답은 언제나 'NO'였다. '작은 집은 돈벌이가 되지 않는다', '화물용 컨테이너는 내구력 때문에 집으로 만들 수 없다', '수요가 없다'. 그런 말을 줄곧 들어왔다. 당시 우리에게는 자금력도 없었고 판매를 한다고 해도 재고의 위험을 감수할 수는 없었다. 다만 기회를 계속 기다렸다.

2년이 지나고 웹 사이트 구독자가 늘면서 '도와주는 사람이 없다면 우리끼리 만들자'라고 결심했다. 작게 사는 방식을 소개만 할 것이 아니라 작은 집을 구입하고 지을 수 있다는 것을 증명해야만 우리가 목표로 하는 라이프 스타일이 확산된다.

우리는 알고 지내던 건축가에게 상담을 하러 갔다. 운이 좋았던 것은 같은 타이밍에 조립식 주택제작업체인 큐브 스타일로부터 '뭔가 함께 만들어보자'라는 제안이 들어온 것이다. INSPIRATION이 실패할 경우 '우리가 들어가 살면 되지'라고 생각하던 참이었고 우리는 건축 전문가가 아니었으므로 조립식 주택건설업체가 함께 만들어 준다면 그보다 더 든든한 게 어디 있겠는가! 우리는 제안을 흔쾌히 수락했다.

집짓기까지 무수한 시행 착오와 크라우드 펀딩

하지만 시작부터가 더 큰일이었다. 완성된 INSPIRATION은 경량 철골을 사용해 외벽을 합금으로 감싼 것이지만, 개발 초 우리가 디자인한 것은 목재에 경사진 차양이 있는 작은 집이었다. 이 정도면 됐다! 라며 의기양양하게 '큐브 스타일'에 디자인 안을 들고 갔지만 법 규제와 건축 신청 문제로 그 안은 채택되지 못했다. 몇 번이나 디자인을 바꾸었는데 내진성이나 단열성 등 판매 기준에 합격하기까지 최종적으로 10개 이상의 안을 내야만 했다.

판매가격도 '본체 가격은 자동차 1대 정도인 250만 엔으로 하자'라고 미리 정해두었는데, 일을 시작하고 나서야 집을 판매하면 애프터케어로 10년간의 관리 책임이 있다는 것을 알았다. 250만 엔은 거의 이익이 나지 않는 금액이었다. 제작업체에 물어보니 "기업이라면 700~800만 엔에 팔지요"라고 답했다. 하지만 애초 INSPIRATION을 만들어 돈을 벌 생각이 없었고, 우리가 지향하는 라이프스타일을 알리는 커뮤니케이션 툴로서 기획하고 있었기 때문에 최종적으로 가격은 250만 엔부터 구입할 수 있도록 만들었다.

그런 식으로 우여곡절을 겪으며 완성시킨 INSPIRATION은 '미래거주방법회의'에서 첫선을 보였다. 그리고 독자로부터 한 통의 메일을 받았다. "야도카리가 만든 집이라기엔 '이건 아니다' 싶은 느낌이 듭니다." 라는 내용이었는데, 실은 우리도 같은 생각을 하고 있었던 것이다. 원래는 디자인도 세련되고, 크기도 간편하게 옮길 수 있도록 보다 작게 만들고 싶었다. 그러나 완성하기까지 법적인 문제나 내구성, 금액 등 모든 요소를 고려한 후 도출한 결과물은 우리가 100% 만족할 수 있는 집은 아니었다. 그것을 알아 본 독자의 메일에 스스로 한심하다는 생각이 들었다.

집을 기획하는 것 자체가 시행착오와 도전의 연속이었지만 크라우드 펀딩으로 자금을 모으는 것도 큰 도전이었다.

INSPIRATION을 통해 '작은 집이라는 선택지가 있다는 것', '일본에서도 작은 집을 구입할 수 있다는 것'을 많은 사람들과 공유하지 않으면 의미가 없었다.

당초에 설정한 목표 금액은 300만 엔. 시작하기 전에는 정말로 모일지 불안했지만 2015년 1월부터 시작한 크라우드 펀딩은 최종 299명의 지원자로부터 약 320만 엔의 지원을 받아 성공했다.

프로젝트의 성공 자체도 기뻤지만 야도카리 활동을 좋아하고 응원해주는 메시지를 받거나 다양한 미디어에서 취재하고 응원해준 것도 우리에게는 아주 큰 수확이었다.

작지만 단단하고 실용적이며 세련된 움직이는 4평 집

작은 집이라고 하면 떠오르는 판잣집 같은 이미지를 탈피하기 위해 예산 안에서 최적의 디자인을 고민했다. 예컨대 특별 주문한 큰 유리로 만든 개구부와 물탱크 없는 변기, 외벽은 갈바륨 합금을 사용해 스타일리시한 이미지로 마감했다. '작은 집에 사는 것이 멋지다'라는 이미지를 실현하고 싶었기 때문이다. 아무리 기능적이고 경제성이 뛰어나도 실제로 '살아 보고 싶다!'는 생각이 들지 않으면 라이프 스타일로서 세상에 퍼지지 않는다고 생각하기 때문이다.

INSPIRATION의 특징 중 하나는 이동성이다. 8톤 트럭이나 배에 실어 이동이 가능하므로 일본 전역으로 가재도구와 함께 집을 옮길 수 있다. 설치는 크레인으로 하는데 주차장 2대 크기의 좁은 땅에도 설치할 수 있다. 취직, 결혼, 육아 등으로 라이프 스타일은 변하기 마련이다. 전근을 가거나, 도시가 아닌 지방에서 또는 그 반대로 살고 싶은 곳이 바뀌는 경우도 있을 것이다.

지금까지는 집을 사면 그 땅에서 계속 사는 것이 당연했다. 그러나 집을 통째로 옮길 수 있다면 땅에 얽매이지 않고 살 수 있다. 우리는 집이 '부동산(움직이지 않는 집)'이 아닌 시대가 가까운 미래에 도래한다고 생각한다. INSPIRATION을 4평 크기로 설계한 것도 이동성을 실현하고 싶었기 때문이다.

INSPIRATION은 예약 판매에서 400건에 가까운 문의가 있었고, 최초로 가루이자와와 고텐바, 나가노 현 치노 시에서 개최된 '오두막 페스티벌'에 쇼룸으로 전시해 많은 이들에게 선보였다.

2016년 2월 이후부터 INSPIRATION 숙박 체험을 계획하고 있다. 많은 이들이 작은 집을 소유할 수 있는 환경을 만들고 자유로운 삶을 만들어줄 선택지를 늘리는 것이 우리의 큰 목표다.

4평은 8톤 트럭에 가재도구와 함께 운반 가능한 크기. 이것을 통해 집의 본질에 대한 개념을 바꾸고 싶다. 전시 시에는 내벽에 자금 협력자의 이름과 전시한 장소를 게시했다.

주거 실험 중인 미니멀리스트 5인의 취재를 마치며

느끼는 만큼 실천에 옮기는 사람들의 힘

먼저 가장 인상에 남는 분은 누구십니까?

사와다 "모토야마 씨(사가현 가라쓰 시에 거주, 반농생활을 하며 스스로 집을 지은 여성)예요. 취재가 끝난 직후에 눈물이 날 뻔 했어요. 땅부터 덜컥 사고 2층짜리 집을 짓고, 연약해 보이는 여성이 남자보다 더 대담한 일을 하고 있으니까요. 인간으로서 남자로서 졌다는 생각이 들었어요. 야도카리 활동을 하면서 나름대로 DIY니 리노베이션 등에 참여하지만 저와는 압도적인 차이가 있더군요."

이번 취재에서 여성의 파워를 느꼈어요. 남성은 이론에서 시작해 일을 조직해나가는 반면 여성은 느끼면 즉시 실천에 옮기는 힘이 있는 것 같아요. 5건의 취재 중 3건이 여성이었던 것도 여성이 남성보다 먼저 행동으로 옮기니까 사례가 많아진 게 아닐까 생각해요.

우에스기 "저도 그렇게 생각합니다. 라이프 스타일을 만들어 내는 건 여성이에요. 남자는 옛날 관습에 끌려가기 십상이고 거기서 움직임도 반걸음 정도 둔하죠."

남성들이 더 신중한 것 같아요.

우에스기 "모토야마 씨도 하고 싶은 일은 '저지르는 사람이 임자'라고 말했죠. 궤도에서 벗어나는 것이 두렵다고 했지만 하지 않는 건 더 무섭다고요. 맞는 말이에요. 하고 싶은 일을 두려움 없이 마주하지 않는다면 죽을 때 후회한다! 제가 그런 삶을 살고 있는지 취재를 마친 후 골똘히 생각했습니다."

사와다 "우리가 취재한 모든 분들은 지역 사회와 밀착된 생활을 하고 있었죠. 지방으로 이주한 마스무라 씨는 도쿄 회사에서 일을 받지만 지역에서 활동하는 건축 유니트와 연결되어 있었고, 실험적으로 '집이 없는 생활'을 하고 있는 니시하타 씨는 기업에 근무하면서 그렇게 살고 있었고요. greenz의 나오 씨는 도쿄와 이스미 시에 단단히 뿌리를 내리고 있었죠."

우에스기 "모토야마 씨도 마을의 풀베기 행사나 축제에 간다고 말했어요. 새로운 생활을 하더라도 사회와 열린 관계를 유지하는 것에 가치가 있다고 생각해요. 옛날의 대항문화는 히피 코뮨처럼 닫힌 것이었지만 지금의 대항문화는 그렇지 않아요. 사회와 관계를 유지하면서 자신이 정말로 원하는 일을 하는 것, 그것이 지금 시대에 맞은 생활 방식인 것 같아요."

사와다 "이번 취재에 응해준 사람들의 힘은 커뮤니티에 속해 있었기 때문에 더욱 가속도를 낼 수 있었다고 생각해요. 모르는 것은 주위 사람들에게 자꾸 묻고 필요한 자재를 얻으러 가기도 했죠. 커뮤니티 속으로 파고드는 힘은 여성이 더 강한 것도 같아요. 우리 집사람도 그렇거든요. 저는 그런 데는 영 소질이 없어요."

우에스기 "남자와 여자의 유전자가 다른 걸까요?"

사와다 "자세히는 모르겠지만, 여성은 사는 장소의 느낌이 좋은가 하는 부분을 더 잘보는 것 같아요. 남자는 직장일로 집에 거의 없기도 하고, 사냥하러 나가던 수렵채집시대의 감각이 현대에도 남아있는 게 아닐까요? 고대에도 여성은 커뮤니티에 들어가지 않으면 살 수 없었을 거예요."

우에스기 "니시하타 씨도 나오 씨도 철학적인 면이 있었죠. 머리로 생각해서 현재 생활에 다다른 느낌이었어요. 여성분들은 감각적으로 각자의 생활을 선택했다는 생각이 들었고요."

사와다 "남자는 포지셔닝 같은 걸 생각하게 되잖아요. 자신만의 주된 분야가 있으니 조금 곁가지로 활동하는 것도 재미있을 거라 생각하죠. 저는 그런 일들만 주로 하지만. 이번에 취재한 3명의 여성은 그런 느낌이 아니었어요."

우에스기 "제가 작은 집으로 이사한 것도 아내가 계기를 제공했어요. '스몰 하우스 활동을 하는 야도카리 대표가 촌스럽게 18평 아파트에 산다는 게 말이 돼? 그러니까 집을 줄여! 실제로 살아 보고 경제적인 부분이나 사는 기분 등 리얼한 부분을 표현하지 않으면 안 된다고'라고 말하더군요. greenz의 나오 씨도 그랬죠? 스몰 하우스를 살 때 부인이 '빨리 해요!'라고 등을 떠밀었다고."

음, 여성에게는 '만약의 상황에도 어떻게든 된다'는 믿음이 있는 걸까요?

우에스기 "어쩌면 그럴지도 모르죠. 남자들은 직함이나 체면, 지위 같은 걸 신경 쓰지만 이번에 취재한 여성들은 그런 것에 신경 쓰지 않고 그저 담담하게 하루하루 실천해 나가는 느낌이었어요."

우에스기 씨는 어느 분이 인상에 남았습니까?

우에스기 "저는 우치다 씨(미야자키 시에 전통공법의 집 '육첩헌'을 짓고 사는 여성)요. 건축자재를 대하는 자세가 인상적이었어요. 건축자재가 몸과 밀접한 관계에 있다는 관점이 재미있었어요. 우치다 씨 취재를 하면서 아토피나 우울증 같은 현대병도 건축자재와 관련이 있는 게 아닐까 생각했어요. 사실 저도 알레르기가 있어서 건축자재가 몸에 영향을 미친다는 게 이해가 되거든요."

우치다 씨 집은 흙으로 돌아가는 전통공법으로 지은 것인데 곳곳에 지혜가 담겨 있었죠.

우에스기 "사와다 씨는 고택이나 사찰과 신사 등에 쓰이는 건축자재는 일본 기후에 적합하게 잘 고안된 것이죠. 옛날 일본의 연립주택도 거주방식으로 자주 거론되잖아요. 자는 곳은 각자 있고, 우물을 중심으로 사람들이 모여 교류를 하죠."

사와다 "우리가 생각하던 커뮤니티 빌리지도 거기에 가까워요. 야도카리를 만들 때부터 커뮤니티 빌리지를 구상했었죠."

커뮤니티 빌리지에 대해 좀더 자세하게 설명해주세요.

사와다 "작은 집을 가진 사람들이 모여 살며 지역 화폐를 쓰고 농사를 짓거나 코워킹을 하는 그런 마을을 줄곧 그리고 있었어요. 크리에이티브한 사람들과 지혜로운 사람들이 섬에 모여 국적이나 인종에 관계없이 새로운 것을 만들어 세계를 바꿔갈 수 있으면 재미있겠다고요. 일본이나 해외에 몇 군데 만들어 옮겨 다녀도 좋고 한 곳에 계속 살아도 좋아요. 가치관이 비슷한 사람들이 모인 생활권이 생기면 좋을 것 같아요. 이번 취재를 통해 지방에 재미있는 사람이 많다는 것을 재확인할 수 있었죠. 빨리 만들고 싶어요."

이 취재를 통해 변화된 것이 있나요? 향후 계획은 어떻습니까?

우에스기 "생활을 줄이는 것이 풍요로운 생활로 연결된다는 것을 더욱 실감했어요. 물론 지금까지 야도카리를 통해 소개해 왔던 내용이지만 그 확신이 보다 강해졌어요. 과거 자본주의 체제에서 승자 그룹에 끼려고 노력하던 모습이 솔직히 우스꽝스럽게 느껴져요. 이제는 가족과 함께 하거나 같은 가치관을 가진 사람과 함께 시간을 보내는 것에서 만족감을 느껴요. 이 기조를 유지하면서, 어떤 생활을 하면 좋을지에 대해서는 '미래거주방법회의'와 이 책을 통해 독자와 공유하고 싶어요. 일본 전역에서 자신의 생활에 대해 생각하는 사람이 늘어간다면 삶과 일에 대한 꽉 막힌 느낌도 사라질 것이라 생각해요. 앞으로 '미래거주방법회의'에서도 자신의 생활을 돌아보고 생각할 계기를 만드는 기사를 쓰고 싶어요. 일본 사회의 답답함을 설레임으로 바꾸자는 말은 계속 해왔던 것이고, 이제는 취재에서 얻은 힌트로 실현을 시키고 싶어요."

사와다 '이번에 취재에 응해주신 분들은 한 사람 한 사람의 스토리가 한 권의 책으로 엮을 수 있을 정도로 깊이가 있었어요. 우리는 지금까지 '미래거주방법회의'에서 2,000개 이상의 타이니 하우스 사례를 소개해왔는데 그런 집도 마찬가지라고 생각해요. 건물의 외관이나 기능만이 아니라 짓는 사람이나 사는 사람의 집에 대한 애정이라든지 집이 지어지기까지의 스토리 같은 깊숙한 부분을 좀 더 다양하게 알고 싶어졌어요."

우리가 소개하는 작은 생활방식이 삶의 또 다른 표준이 되면 좋겠네요.

사와다 "우리가 작은 생활에 대한 정보를 알리는 활동을 하고 있지만 미니멀한 생활이 절대로 표준이 되지는 못할 거라 생각해요. 최근에 누나가 대출을 받아 새 집을 짓고 있어요. 누나는 제 활동을 전혀 이해하지 못해요. 그런 사람도 많은 반면 작은 생활을 선택하는 사람도 있으니 그것으로 됐다고 생각해요. 우리가 제시하는 작은 생활이 표준에서 벗어난 사람들에게 하나의 안전망 같은 의미에서 '이런 생활도 있다'라고 선택할 수 있는 계기가 되면 좋겠어요."

취재를 통해 새로운 생활을 실천하는 사람들을 만났던 것은 우리에게 자산이 되었다. 향후 일본의 생활이 어떻게 변화해 나갈지, 야도카리가 어떤 역할을 맡을 수 있을지 기대된다.

맺음말

조금은 다른 삶의 방식도 가능하다

앞으로 무엇을 할까 이야기하는 사와다와 우에스기의 얼굴은 재미있는 장난을 꾸미는 남학생 같다. 야도카리는 이제 많은 사람들이 흥미로워하는 그룹으로 성장했지만 그 활동을 제일 재미있어하는 사람은 틀림없이 사와다와 우에스기 두 사람일 것이다.

두 사람이 실현하려는 것은 '삶의 다양성을 만들겠다'는 다소 거창한 것이다. 지금이야 아군이 많아졌지만 밟히면 뭉개지고 마는 개미새끼 같은 작은 집단이 말하기에는 바보 같은 목표인지도 모른다. 하지만 두 사람이라면 정말로 해내지 않을까 하는 생각이 든다. 그렇게 생각하는 것은 두 사람이 바보이고 순수하고 반듯하기 때문이다. 어디서 그런 자신감이 솟는 걸까? 보통의 어른들이라면 생각하더라도 실행에 옮기지 않을 일에 언제든 뛰어든다. 그런 모습이 주위 사람들을 끌어들이고 또 조금씩 아군을 늘려가는 것이다.

두 사람과 가까이 있으면 재미있어서 흥미진진한 시간을 보낼 수 있다.

이번 취재도 마찬가지지만 매번 취재를 통해 만나는 사람들은 모두 실험적이고 흥미로운 생활을 하는 사람들이다. 그런 사람들을 만날 수 있다는 것에는 돈 이상의 가치가 있다.

사족일지 모르지만 나는 몇 번이나 낙오자가 되었고 그때마다 사회의 중심에서 벗어나 있는 사람들과 만나 '이런 삶의 방식도 괜찮다.'는 것을 배웠다. 두 사람이 만들고자 하는 '생활방식의 다양성'이 현실이 되면 나도 살기 쉬운 세상이 될 것이고 신세를 진 사람에게 조금은 보답을 할 수 있으리라 생각한다.

이 책에서 소개한 사람들의 생활은 어떤 의미에서는 극단적인 것이어서 흉내 내기 어려울지도 모른다. 하지만 '세상 바깥에는 다른 삶의 방식도 있다.'는 것을 알릴 수 있다면, 그곳에서 살아갈 수 있다는 계기를 만들 수 있다면 조금 더 마음 편하게 지낼 수 있는 사람이 늘어나지 않을까 하는 생각에 이 책을 썼다. 우리가 하는 일이 어쩌면 쓸데없는 참견일지도 모른다. 하지만 '조금 재미있는데'라고 생각했다면 부디 야도카리를 응원해 주었으면 한다.

마지막으로 편집자 아리도미 씨에게 감사를 전한다. 집필을 격려해 주지 않았다면 끝까지 쓰지 못했을 것이다. 친구와 가족에게. 언제나 고마워, 나는 야도카리에서 즐겁게 일하고 있어.

YADOKARI 활동 소개

미래거주방법회의 http://yadokari.net/
미래거주방법회의는 미니멀라이프 / 다거점 거주 / 스몰 하우스 / 모바일 하우스를 통해 '미래의 풍요'를 생각하고 실천하기 위한 라이프스타일 미디어. 현재 전 세계의 작은 집과 미니멀라이프 사례를 2,000건 이상 소개하고 있다.

YADOKARI 스몰 하우스 'INSPIRATION' / http://inspiration.yadokari.net/
크라우드 펀딩을 통해 300명 팬으로부터 320만 엔을 조달받아 개발한 250만 엔짜리 이동식 스몰 하우스 'INSPIRATION'은 6미터×2.4미터, 약 4평(약 14㎡)의 원룸 사이즈. 샤워시설, 화장실, 부엌, 간이수납장을 겸비하고 있으며 트럭에 실어 옮길 수 있는 이동식 주택이다. 부부 2명과 어린아이 1명, 3인 가족이 살 수 있는 콤팩트 사이즈. 본체 가격 250만 엔부터 판매 중. 자체적인 스몰 하우스 기획 및 설계도 하고 있다.

휴일 부동산 http://holidayrealestate.jp/
전국의 유휴 부동산과 빈 집의 재사용 정보를 제공하는 부동산 미디어. 휴일 부동산은 주말 별장, 셰어 별장, 2거점 거주, 복리후생시설 등을 통해 '새로운 별장 = 풍요를 기르는 별장'을 제안한다.

AURORA http://aurora-onlinestore.net/
AURORA(오로라), 북유럽 빈티지 식기· 잡화 · 가든용품을 중심으로 롱라이프 디자인, 평생 쓰는 라이프 스타일 용품을 취급하는 온라인 숍.

YADOKARI 셰어 오피스 '나카긴 캡슐타워' http://nakagin.yadokari.net/
유명건축물의 보전 및 재생의 일환으로 구로카와 키쇼 씨의 작품 나카긴 캡슐타워를 재생하고 있다. YADOKARI 서포트 멤버를 모아 DIY 리노베이션을 했고 현재 셰어 오피스로 보전활동을 지원하고 있다.

YADOKARI 도미토리 '점과선' http://tentosen.yadokari.net/
국경과 인종을 초월해 사람과 사람이 연결되고 서로 기억의 일부가 되는 '거점', 앞으로의 인생에 새로운 작용을 하게 될 '교차점'과 '분기점', 과거와 미래를 '잇는다'는 콘셉트로 주택과 점포 등 모든 건물의 방 하나를 셰어 도미토리로 보수해 빌려준다. 미래의 빈집대책과 일반주택의 단기 숙박 등과 관련된 법 개정도 고려하고 있다.

YADOKARI 서포터즈 https://www.facebook.com/groups/yadokari.support/
YADOKARI에는 건축가, 제품 디자이너, 편집자 등을 포함한 등록 서포트 멤버 2,000명이 모여있는 회원제 소셜 커뮤니티 'YADOKARI 서포터즈'가 있다. 서포트 멤버는 다양한 생활과 관련된 활동을 프로보노 형태로 지원하는 것 외에도 이 커뮤니티 내에서 각종 이벤트와 교류회는 물론이고 최신의 YADOKARI 선점 콘텐츠 정보, 동아리 활동이나 DIY 워크숍 등 집에 관한 활동에 흥미가 있는 멤버들끼리 적극적으로 교류하고 있다.

3평 집도
괜찮아!